Deutsch für Fortgeschrittene

Heinz Griesbach

Deutsche Grammatik im Überblick

Tabellen, Listen und Übersichten

Max Hueber Verlag

Das Unterrichtswerk
Deutsch für Fortgeschrittene
von Heinz Griesbach

---

besteht aus folgenden Teilen:

1. *Deutsche Grammatik im Überblick*
2. *Texthefte* mit Übungen (Texte aus der modernen Literatur, Sachtexte allgemein interessierenden Inhalts, Fachtexte)
3. *Sprachhefte* (Sprachübungen zur Grammatik, zum Wortschatz und zum Ausdruck)

5. Auflage

6. 5. | Die letzten Ziffern
1988 87 86 85 | bezeichnen Zahl und Jahr des Druckes.

Alle Drucke dieser Auflage können, da unverändert, nebeneinander benutzt werden.

Gesamtherstellung: Druckerei Manz, Dillingen · Printed in Germany
ISBN 3–19–001130–3

Vorwort

Die *Deutsche Grammatik im Überblick* ist aus der Unterrichtspraxis entstanden und für den Unterricht bestimmt. Der Schüler findet hier unter anderem übersichtlich auf knappem Raum Tabellen, die ihm alle wichtigen Konjugations- und Deklinationsformen zeigen, alphabetische Listen über Präfixe und Suffixe, Listen mit Präpositionen und Konjunktionen mit Beispielen für deren Gebrauch und zahlreiche Listen mit Verben, deren syntaktischer Gebrauch in bestimmten Satzstrukturen mit Beispielsätzen belegt wird, sowie Übersichten über die wichtigsten Satzstrukturformen, über Satzglied- und Attributfunktionen und über Stellungsmöglichkeiten der Satzglieder innerhalb eines Satzes; außerdem findet der Schüler in dieser Grammatik eine kurze Übersicht über die wichtigsten Intonationsformen des gesprochenen Satzes und die notwendigsten Verwendungsarten der graphischen Signale (Satzzeichen und Großschreibung), soweit sie für die syntaktische Übersicht von Bedeutung sind.

In dieser Grammatik ist auf Regelwerk weitgehend verzichtet worden zugunsten eines umfangreichen Angebots an Beispielen, mit denen im Unterricht gearbeitet werden kann und an denen die wichtigsten Regeln abgeleitet werden können. Die Tabellen und Übersichten geben dem Schüler all das in die Hand, was ihm im Unterricht an der Schultafel an grammatischen Tatsachen erklärt wird.

Dieses Grammatikbuch ist ein Teil des Unterrichtswerkes *Deutsch für Fortgeschrittene* und entlastet die übrigen Teile dieses Unterrichtswerkes (Texthefte und Sprachhefte) von formalgrammatischen Erklärungen. Die Reihe der *Texthefte*, die ein nach Interessengebieten geordnetes Textangebot enthalten (Texte aus der neueren Literatur, Sachtexte allgemein interessierenden Inhalts oder Fachtexte), bilden die Grundlage des fortgeschrittenen Sprachunterrichts. Im Sprachunterricht, besonders im fortgeschrittenen Unterricht, steht die Textarbeit im Vordergrund, denn Texte zeigen den Gebrauch der Sprache; sie liefern den Stoff für sinnvolle Unterrichtsgespräche und regen zu mündlichen und schriftlichen Äußerungen an. In den Aufgaben und Übungen, die jedem Text zugeordnet sind, werden die wichtigsten sprachlichen Erscheinungsformen des betreffenden Textes verarbeitet. Da mit einer Textzusammenstellung nicht alle sprachlichen Erscheinungen zu erreichen sind, die sich ein Schüler zu eigen machen muß, ergänzen die *Sprachhefte* das sprachlich-grammatische Übungsprogramm. Die Sprachhefte liefern einen nach syntaktischen und semantischen Gesichtspunkten systematisch gegliederten Übungsstoff, den der Lehrer nach den Erfordernissen seiner Klasse auswählen und zusammenstellen kann. Die Übungen in den Sprachheften wie auch in den Textheften sind nach Möglichkeit so angelegt, daß die Lösungen durch einfache Transformationen der vorgegebenen Übungssätze zu erreichen sind. Wo immer es notwendig erscheint, wird bei den Übungen auf die *Deutsche Grammatik im Überblick* verwiesen.

Für diejenigen, die sich einen tieferen Einblick in die Zusammenhänge der deutschen Sprache verschaffen möchten, wird die *Grammatik der deutschen Sprache** zur Benutzung empfohlen. Das vorliegende Grammatikbuch wird ihnen mit seinem umfangreichen Beispielmaterial eine nützliche Ergänzung sein.

Heinz Griesbach

* Schulz-Griesbach, Grammatik der deutschen Sprache, 10. Auflage, Max Hueber Verlag, München 1976.

Inhaltsverzeichnis

Grundbegriffe

Der Wortvorrat

Das Verb

Das Nomen

Das Adjektiv

Das Pronomen

Das Adverb

Funktionsmerkmale und -kennzeichen

Die Funktionen im Satz

Die Satzstrukturen

Der Satzbau

Zur Intonation

Satzzeichen

Grundbegriffe

Sprachen

Sprachen sind Systeme sprachlicher Zeichen und dienen der zwischenmenschlichen Verständigung, wie sie in Mitteilungen, Fragen, Aufforderungen und Ausrufen zum Ausdruck kommt. Sie sind unvollkommene Systeme, besitzen aber eine große Fähigkeit, ihre Unvollkommenheiten auszugleichen.

Sätze

Die sprachlichen Zeichen organisieren sich in Sätzen. Ein Satz ist die kleinste in sich geschlossene sprachliche Einheit, mit der sich ein außersprachlicher Sachverhalt beschreiben läßt:
An der Straßenecke steht ein alter Mann.

Sinngruppen

Beim Sprechakt ergeben sich innerhalb eines Satzes Lautgruppen, die im allgemeinen mit der inhaltlichen Gliederung des Satzes übereinstimmen. Eine Lautgruppe entspricht demnach einer Sinngruppe:
Anderstraßenecke stehteinaltermann.

Silben

Die Lautgruppen lassen sich bei langsamem Sprechen in einzelne Lautkomplexe zerlegen. Diese Lautkomplexe sind die Sprechsilben oder Silben:
An | der | Stra | ßen | ek | ke | steht | ein | al | ter | Mann.
Silben werden von einem Vokal getragen, um den sich Konsonanten gruppieren.

Wörter

Wörter sind isolierbare und austauschbare Lautfolgen innerhalb eines Satzes, die Einzelinhalte ausdrücken. Für den unbefangenen Beobachter besteht ein Satz aus Wörtern. Sie sind als selbständige Sinnträger im Gedächtnis des einzelnen gespeichert.
Straße, Ecke, Straßenecke, stehen, alt, Mann

Wortklassen

Wörter werden nach ihren Inhalten in Wortklassen eingeteilt. Hierbei sind zwei Gruppen von Wortklassen zu unterscheiden:

1. Inhaltswörter; das sind Wörter, die bestimmte Inhalte zum Ausdruck bringen. Zu dieser Gruppe gehören
   a) *Verben;* sie bezeichnen Geschehen *(arbeiten, wachsen)* oder Sein *(stehen, ruhen)*
   b) *Nomen;* sie bezeichnen Wesen *(Mensch, Tier)*, Dinge *(Haus, Straße)*, Begriffe *(Liebe, Friede, Menge)* oder Sachverhalte *(Zugunglück, Sprachunterricht)*
   c) *Adjektive;* sie bezeichnen Qualitäten *(schön, falsch, alt)* oder Quantitäten *(zwei, hundert)*
2. Bezugswörter; das sind Wörter, die ihre Inhalte erst im Zusammenhang mit der Sprechsituation oder der Rede erhalten. Zu dieser Gruppe gehören
   a) *Pronomen;* sie beziehen sich auf Inhalte, die gerade zur Rede stehen und vorher genannt wurden oder aus der Sprechsituation zu identifizieren sind *(er, jene, seine)*
   b) *Adverbien;* sie drücken Ortsbezüge *(hier, dort)* oder Zeitbezüge *(jetzt, bald, neulich)* aus oder signalisieren subjektive Bezüge und anderes *(gern, vielleicht, überhaupt)*

Die Bedeutung eines Wortes ist abhängig von der Satzstruktur, in der das Wort verwendet wird. Die Wortbedeutungen, die ein Wörterbuch angibt, können nur Anhaltspunkte sein, weil die angegebenen Wörter aus bestimmten Satzstrukturen isoliert wurden. Nur bei übereinstimmenden Satzstrukturen stimmen auch die Wortbedeutungen überein. Vgl.
Die Frau hat die ganze Zeit zu ihrem Mann gestanden.
Die Frau hat die ganze Zeit ihren Mann gestanden.
Die Frau hat die ganze Zeit neben ihrem Mann gestanden.

Funktionsmerkmale und -kennzeichen

Innerhalb eines Satzes sind bestimmte Funktionen erkennbar. Sie setzen die Inhalte, die in den Funktionsteilen des Satzes ausgedrückt werden, in die richtige Beziehung zueinander. Die Funktionen sind an bestimmten Funktionsmerkmalen identifizierbar:

1. an der Stellung eines Wortes (z. B. Prädikat, Subjekt – Objekt; Attribut)
2. an der Wortform (z. B. Personalform, Partizip II)

Deutlicher als durch diese Funktionsmerkmale lassen sich die Funktionen innerhalb eines Satzes durch bestimmte Funktionskennzeichen unterscheiden. Diese signalisieren Funktionen und geben darüber hinaus die Möglichkeit, Inhalte zu differenzieren. Solche Funktionskennzeichen sind:

1. die Kasusmorpheme an Pronomen, Adjektiven und Nomen
2. die Präpositionen
3. die Konjunktionen

Der Wortvorrat

Der reiche Wortvorrat einer Sprache, wie ihn die Wörterbücher nur zum Teil verzeichnen können, läßt sich auf einen relativ begrenzten Vorrat an Wortstämmen zurückführen. Die Vergrößerung des Wortvorrats erfolgte und erfolgt noch durch bestimmte, in jeder Sprache vorhandene Mittel. So werden neue Inhalte mit Hilfe der verfügbaren Wörter und Wortbildungsmittel bezeichnet. Häufig werden auch Wörter aus fremden Sprachgemeinschaften entlehnt.
Im Deutschen gibt es zur Erweiterung des Wortvorrats folgende Mittel:

Zusammenrückung

das Eisen, die Bahn → die Eisenbahn
der Himmel, blau → himmelblau
kennen, lernen → kennenlernen
bekannt, machen → bekanntmachen

Zusammensetzung

das Geschäft, die Reise → die Geschäft*s*reise
rechnen, das Buch → das Rechenbuch
die Größe, der Wahn → der Größ*en*wahn

Ableitung

beginnen → der Beginn
stechen (er sticht) → der Stich; greifen (er griff) → der Griff
binden (gebunden) → der Bund
das Land → landen
sicher → sichern

Präfixe

aber- der Glaube → der Aberglaube

be- fahren → befahren
lügen → belügen
das Mitleid → bemitleiden; der Urlaub → beurlauben
reich → bereichern

ent- fliehen → entfliehen; springen → entspringen
das Recht → entrechten; die Ehre → entehren
fremd → entfremden; scharf → entschärfen
gegen → entgegnen

emp- (em-)	finden → empfinden; fangen → empfangen (mittelhochdeutsch: bōr = Trotz) → empören
er-	wachen → erwachen; schlagen → erschlagen die Hitze → erhitzen; die Kälte → erkälten wider → erwidern
erz-	der Schwindler → der Erzschwindler faul → erzfaul
ge-	dulden → die Geduld; backen → das Gebäck schreien → das Geschrei; fühlen → das Gefühl der Berg → das Gebirge; die Feder → das Gefieder
miß-	achten → mißachten; handeln → mißhandeln die Ernte → die Mißernte; der Erfolg → der Mißerfolg
ob-	siegen → obsiegen; walten → obwalten
un-	die Treue → die Untreue; der Dank → der Undank das Wetter → das Unwetter; der Mensch → der Unmensch fern → unfern; schön → unschön möglich → unmöglich; lesbar → unlesbar
ur-	der Wald → der Urwald; die Sache → die Ursache alt → uralt; komisch → urkomisch
ver-	brennen → verbrennen; sinken → versinken laufen → verlaufen; heiraten → verheiraten der Bauer → verbauern; der Film → verfilmen gut → vergüten; besser → verbessern; sicher → versichern
zer-	brechen → zerbrechen; schneiden → zerschneiden das Teil → zerteilen; das Fleisch → zerfleischen klein → zerkleinern

Suffixe

-bar	tragen → tragbar; essen → eßbar die Frucht → fruchtbar; der Mann → mannbar offen → offenbar
-chen	das Kind → das Kindchen; der Tisch → das Tischchen
-de	freuen → die Freude; geloben → das Gelübde
-e	bitten → die Bitte; sprechen (er sprach) → die Sprache schrauben → die Schraube; liegen → die Liege eben → die Ebene; hoch → die Höhe lang → lange
-ei (-erei)	zaubern → die Zauberei; schreiben → die Schreiberei drucken → die Druckerei; melken (er molk) → die Molkerei das Buch (die Bücher) → die Bücherei; der Schneider → die Schneiderei
-el	decken → der Deckel; heben → der Hebel
-eln (-ern)	lachen → lächeln; (mittelhochdeutsch: wihen) → wiehern der Witz → witzeln; der Spott → spötteln
-en (-ern)	das Gold → golden; die Wolle → wollen das Holz → hölzern; das Eisen → eisern

-er	backen → der Bäcker; lehren → der Lehrer betrügen → der Betrüger; sammeln → der Sammler bohren → der Bohrer; kochen → der Kocher senden → der Sender; schalten → der Schalter die Schule → der Schüler; das Schaf → der Schäfer Berlin → der Berliner; England → der Engländer
-haft	der Mann → mannhaft; die Sünde → sündhaft krank → krankhaft; böse → boshaft
-haftig	der Leib → leibhaftig; der Teil → teilhaftig wahr → wahrhaftig
-heit (-keit)	verschweigen (verschwiegen) → die Verschwiegenheit verlassen → die Verlassenheit der Gott → die Gottheit; der Mensch → die Menschheit schön → die Schönheit; heiter → die Heiterkeit
-(r)ig	schlafen → schläfrig; schauern → schaurig die Freude → freudig; die Anmut → anmutig der Berg → bergig; der Stein → steinig die Sünde → sündigen; die Schuld → entschuldigen rein → reinigen; ein → einigen dort → dortig; hier → hiesig dein → deinig; Ihr → Ihrig
-in	der Lehrer → die Lehrerin; der Löwe → die Löwin
-(r)isch	malen → malerisch; zeichnen → zeichnerisch der Alkohol → alkoholisch; die Chemie → chemisch die Laune → launisch; das Gespenst → gespenstisch der Himmel → himmlisch; die Erde → irdisch der Münchner → münchnerisch; der Franzose → französisch
-lein	der Fisch → das Fischlein; die Maus → das Mäuslein
-lich	erfreuen → erfreulich; wissen → wissentlich der Freund → freundlich; die Angst → ängstlich
-ling	strafen → der Sträfling; saugen → der Säugling jung → der Jüngling; schwach → der Schwächling
-nis	hindern → das Hindernis; verloben → das Verlöbnis wild → die Wildnis; finster → die Finsternis
-s	knicken → der Knicks; klappen → der Klaps der Tag → tags; die Nacht → nachts erst- → erstens; meist- → meistens
-sal (-sel)	raten → das Rätsel; stopfen → der Stöpsel trübe → die Trübsal
-sam	biegen → biegsam; arbeiten → arbeitsam das Wunder → wundersam; der Betrieb → betriebsam lang → langsam; gemein → gemeinsam
-schaft	das Land → die Landschaft; der Freund → die Freundschaft der Lehrer → die Lehrerschaft; der Bruder → die Bruderschaft eigen → die Eigenschaft; bar → die Barschaft

-t (-st)	fahren → die Fahrt; tragen → die Tracht spinnen → das Gespinst
-tum	irren → Der Irrtum der Brauch → das Brauchtum; der Bürger → das Bürgertum reich → der Reichtum
-ung	hoffen → die Hoffnung; scheiden → die Scheidung
-weise	die Ausnahme → ausnahmsweise; das Meter → meterweise glücklich → glücklicherweise; klug → klugerweise

Wechsel der Funktionskennzeichen

Ich freue mich *über* deinen Besuch.
Ich freue mich *auf* die nächsten Ferien
Er hat *mit dem* Geschäftsführer gesprochen.
Er hat *den* Geschäftsführer gesprochen.
Ein*es* schönen Tag*es* wird ihn die Polizei fassen.
An einem schönen Tage wollte er zum Baden fahren.

Wechsel der Funktionen

Sie ist *glücklich.*
Jetzt regnet es *glücklich.*
Er kommt *sicher.*
Er kam *sicher* ans andere Ufer.
Im März beginnen die Wiesen zu *grün*en. (von ‚grün')
Die Maschine *land*ete sicher auf dem Rollfeld. (von ‚Land')

Wechsel der Satzstrukturform

Er hat ihm das Buch *gegeben.*
Die Schmerzen haben *sich gegeben.*
Hier *gibt es* ein Theater.

Das Verb

Verben bezeichnen Handlungen *(arbeiten, sprechen)*, Vorgänge *(wachsen, fallen)* und Sein *(ruhen, sitzen)*. Nach Art ihrer formalen Behandlung unterscheidet man zwischen schwachen Verben und starken Verben. Die Verben bilden folgende Formen:

Personalformen

		schwache Verben		*starke Verben*	
Singular	1. Person	ich lern*e*	ich lernt*e*	ich geh*e*	ich ging
	2. Person	du lern*st*	du lernt*est*	du geh*st*	du ging*st*
		Sie lern*en*	Sie lernt*en*	Sie geh*en*	Sie ging*en*
	3. Person	er, es, sie lern*t*	er lernt*e*	er, es, sie geh*t*	er ging
Plural	1. Person	wir lern*en*	wir lernt*en*	wir geh*en*	wir ging*en*
	2. Person	ihr lern*t*	ihr lernt*et*	ihr geh*t*	ihr ging*t*
		Sie lern*en*	Sie lernt*en*	Sie geh*en*	Sie ging*en*
	3. Person	sie lern*en*	sie lernt*en*	sie geh*en*	sie ging*en*

Formenvorrat: -e, -(e)st, -(e)t, -en

1. Person = die redende Person (ich, wir)
2. Person = die angeredete Person (du, ihr, Sie)
3. Person = die Person oder Sache, von der gesprochen wird (er, es, sie; sie)

Zeitformen

einfache Zeitformen:

	Präsens	*Präteritum*
schwache Verben	ich *lerne*	ich *lernte*
starke Verben	ich *gehe*	ich *ging*

zusammengesetzte Zeitformen:

Perfekt	*Plusquamperfekt*	*Futur I*	*Futur II*
ich *habe gelernt*	ich *hatte gelernt*	ich *werde lernen*	ich *werde gelernt haben*
ich *bin geeilt*	ich *war geeilt*	ich *werde eilen*	ich *werde geeilt sein*
ich *habe gegessen*	ich *hatte gegessen*	ich *werde essen*	ich *werde gegessen haben*
ich *bin gegangen*	ich *war gegangen*	ich *werde gehen*	ich *werde gegangen sein*

Perfekt	Präsens {haben / sein} + Partizip II
Plusquamperfekt	Präteritum {haben / sein} + Partizip II
Futur I	Präsens werden + Infinitiv
Futur II	Präsens werden + Partizip II + Infinitiv {haben / sein}

Die Namen der Zeitformen sind nicht mit den drei Zeiträumen (Vergangenheit, Gegenwart, Zukunft) identisch. Vgl. S. 38.

Modalformen

Konjunktiv

einfache Formen zum Ausdruck der Gegenwart oder der Zukunft:

	Konjunktiv I	*Konjunktiv II*
schwache Verben	er *lerne*	er *würde lernen* (Ersatzform)
starke Verben	er *gehe*	er *ginge*
	er *komme*	er *käme*

zusammengesetzte Formen zum Ausdruck der Vergangenheit:

	Konjunktiv I	*Konjunktiv II*
schwache Verben	er *habe gelernt*	er *hätte gelernt*
	er *sei geeilt*	er *wäre geeilt*
starke Verben	er *habe gegessen*	er *hätte gegessen*
	er *sei gegangen*	er *wäre gegangen*

Wenn die Formen des Konjunktivs I mit denen des Präsens identisch sind, gebraucht man den Konjunktiv II, z. B. *ich ginge* statt *ich gehe.*
Wenn die Formen des Konjunktivs II mit denen des Präteritums identisch sind, gebraucht man die zusammengesetzte Ersatzform mit „werden" im Konjunktiv II und dem Infinitiv, z. B. *ich würde lernen* statt *ich lernte, wir würden gehen* statt *wir gingen*. Vgl. S. 39.

Imperativ

	du	*ihr*	*Sie*
1. legen	leg*e*!	leg*t*!	legen Sie!
arbeiten	arbeit*e*!	arbeit*et*!	arbeiten Sie!
mitbringen	bring*e* ... mit!	bring*t* ... mit!	bringen Sie ... mit!
sich kämmen	kämm*e* dich!	kämm*t* euch!	kämmen Sie sich!
fahren	fahr*e*!	fahr*t*!	fahren Sie!
haben	hab*e*!	hab*t*!	haben Sie!
2. sein	sei!	sei*d*!	sei*en* Sie!
3. sprechen (du sprichst)	sprich!	sprech*t*!	sprechen Sie!
nehmen (du nimmst)	nimm!	nehm*t*!	nehmen Sie!
essen (du ißt)	iß!	eß*t*!	essen Sie!

Der Imperativ für die Anrede ‚Sie' entspricht der Präsensform.
Der Imperativ für die Anrede ‚ihr' entspricht der Präsensform.
Lediglich von ‚sein' wird die Form ‚seid!' gebildet.
Der Imperativ für die Anrede ‚du' wird vom Verbstamm + e gebildet. Starke Verben mit -i- im Präsens bilden den Imperativ von der 2. Person Singular Präsens ohne die Endung -st.

Reflexive Verben

Vgl. Reflexivpronomen S. 49 und Satzstruktur S. 95 und S. 105.

Rektion der Verben

Vgl. Satzstruktur S. 95.

Konjugation der schwachen Verben

Präsens

ich	frage
du	fragst
er, es, sie	fragt
wir	fragen
ihr	fragt
sie	fragen

Präteritum

ich	fragte
du	fragtest
er, es, sie	fragte
wir	fragten
ihr	fragtet
sie	fragten

Perfekt

ich	habe . . . gefragt
du	hast . . . . gefragt
er, es, sie	hat . . . . gefragt
wir	haben . . . gefragt
ihr	habt . . . gefragt
sie	haben . . . gefragt

Plusquamperfekt

ich	hatte . . . . gefragt
du	hattest . . . gefragt
er, es, sie	hatte . . . . gefragt
wir	hatten . . . gefragt
ihr	hattet . . . gefragt
sie	hatten . . . gefragt

Futur I

ich	werde . . . fragen
du	wirst . . . . fragen
er, es, sie	wird . . . . fragen
wir	werden . . . fragen
ihr	werdet . . . fragen
sie	werden . . . fragen

Futur II

ich	werde . . . gefragt haben
du	wirst . . . . gefragt haben
er, es, sie	wird . . . . gefragt haben
wir	werden . . . gefragt haben
ihr	werdet . . . gefragt haben
sie	werden . . . gefragt haben

Konjunktiv I

ich	(frage, fragte) würde . . . fragen	ich	(habe) hätte . . . . gefragt
du	fragest	du	habest . . . . gefragt
er, es, sie	frage	er, es, sie	habe . . . . gefragt
wir	(fragen, fragten) würden . fragen	wir	(haben) hätten . . . gefragt
ihr	fraget	ihr	habet . . . . gefragt
sie	(fragen, fragten) würden . fragen	sie	(haben) hätten . . . gefragt

Konjunktiv II

ich	(fragte) würde . . . . fragen	ich	hätte . . . . gefragt
du	(fragtest) würdest . . . fragen	du	hättest . . . gefragt
er, es, sie	(fragte) würde . . . . fragen	er, es, sie	hätte . . . . gefragt
wir	(fragten) würden . . . fragen	wir	hätten . . . gefragt
ihr	(fragtet) würdet . . . . fragen	ihr	hättet . . . gefragt
sie	(fragten) würden . . . fragen	sie	hätten . . . gefragt

Imperativ

frage!   fragt!   fragen Sie!

Infinitiv

fragen

Infinitiv Perfekt

gefragt haben

Partizip I

fragend

Partizip II

gefragt

Konjugation der schwachen Verben im Passiv

Präsens

ich	werde . . .	gefragt
du	wirst	gefragt
er, es, sie	wird	gefragt
wir	werden . . .	gefragt
ihr	werdet . . .	gefragt
sie	werden . . .	gefragt

Präteritum

ich	wurde	gefragt
du	wurdest . . .	gefragt
er, es, sie	wurde	gefragt
wir	wurden . . .	gefragt
ihr	wurdet . . .	gefragt
sie	wurden . . .	gefragt

Perfekt

ich	bin . . .	gefragt worden
du	bist . . .	gefragt worden
er, es, sie	ist	gefragt worden
wir	sind . . .	gefragt worden
ihr	seid . . .	gefragt worden
sie	sind . . .	gefragt worden

Plusquamperfekt

ich	war	gefragt worden
du	warst . . .	gefragt worden
er, es, sie	war	gefragt worden
wir	waren . . .	gefragt worden
ihr	wart	gefragt worden
sie	waren . . .	gefragt worden

Futur I

ich	werde . . .	gefragt werden
du	wirst	gefragt werden
er, es, sie	wird	gefragt werden
wir	werden . . .	gefragt werden
ihr	werdet . . .	gefragt werden
sie	werden . . .	gefragt werden

Futur II

ich	werde	gefragt worden sein
du	wirst	gefragt worden sein
er, es, sie	wird	gefragt worden sein
wir	werden . . .	gefragt worden sein
ihr	werdet . . .	gefragt worden sein
sie	werden . . .	gefragt worden sein

Konjunktiv I

ich	(werde) würde	gefragt
du	werdest	gefragt
er, es, sie	werde	gefragt
wir	(werden) würden . . .	gefragt
ihr	(werdet) würdet . . .	gefragt
sie	(werden) würden . . .	gefragt

ich	sei	gefragt worden
du	sei(e)st .	gefragt worden
er, es, sie	sei	gefragt worden
wir	seien . . .	gefragt worden
ihr	seiet . . .	gefragt worden
sie	seien . . .	gefragt worden

Konjunktiv II

ich	würde	gefragt
du	würdest . . .	gefragt
er, es, sie	würde	gefragt
wir	würden . . .	gefragt
ihr	würdet . . .	gefragt
sie	würden . . .	gefragt

ich	wäre	gefragt worden
du	wär(e)st . .	gefragt worden
er, es, sie	wäre	gefragt worden
wir	wären . . .	gefragt worden
ihr	wär(e)t . . .	gefragt worden
sie	wären . . .	gefragt worden

Imperativ

–

Infinitiv

gefragt werden

Infinitiv Perfekt

gefragt worden sein

Partizip I

–

Partizip II

gefragt werden

Konjugation der starken Verben

Präsens

ich	helfe
du	hilfst
er, es, sie	hilft
wir	helfen
ihr	helft
sie	helfen

Präteritum

ich	half
du	halfest
er, es, sie	half
wir	halfen
ihr	halfet
sie	halfen

Perfekt

ich	habe . . .	geholfen
du	hast	geholfen
er, es, sie	hat	geholfen
wir	haben . . .	geholfen
ihr	habt	geholfen
sie	haben . . .	geholfen

Plusquamperfekt

ich	hatte	geholfen
du	hattest . . .	geholfen
er, es, sie	hatte	geholfen
wir	hatten . . .	geholfen
ihr	hattet . . .	geholfen
sie	hatten . . .	geholfen

Futur I

ich	werde . . .	helfen
du	wirst	helfen
er, es, sie	wird	helfen
wir	werden . . .	helfen
ihr	werdet . . .	helfen
sie	werden . . .	helfen

Futur II

ich	werde	geholfen haben
du	wirst	geholfen haben
er, es, sie	wird	geholfen haben
wir	werden . . .	geholfen haben
ihr	werdet . . .	geholfen haben
sie	werden . . .	geholfen haben

Konjunktiv I

ich	(helfe) hülfe	ich	(habe) hätte	geholfen
du	helfest	du	habest	geholfen
er, es, sie	helfe	er, es, sie	habe	geholfen
wir	(helfen) hülfen	wir	(haben) hätten . . .	geholfen
ihr	helfet	ihr	habet	geholfen
sie	(helfen) hülfen	sie	(haben) hätten . . .	geholfen

Konjunktiv II

ich	hülfe	ich	hätte . . .	geholfen
du	hülfest	du	hättest . . .	geholfen
er, es, sie	hülfe	er, es, sie	hätte . . .	geholfen
wir	hülfen	wir	hätten . . .	geholfen
ihr	hülfet	ihr	hättet . . .	geholfen
sie	hülfen	sie	hätten . . .	geholfen

Imperativ

hilf! helft! helfen Sie!

Infinitiv

helfen

Infinitiv Perfekt

geholfen haben

Partizip I

helfend

Partizip II

geholfen

Konjugation der starken Verben im Passiv

Präsens

ich	werde . . .	gezwungen
du	wirst	gezwungen
er, es, sie	wird	gezwungen
wir	werden . . .	gezwungen
ihr	werdet . . .	gezwungen
sie	werden . . .	gezwungen

Präteritum

ich	wurde . . .	gezwungen
du	wurdest . . .	gezwungen
er, es, sie	wurde . . .	gezwungen
wir	wurden . . .	gezwungen
ihr	wurdet . . .	gezwungen
sie	wurden . . .	gezwungen

Perfekt

ich	bin . . .	gezwungen worden
du	bist . . .	gezwungen worden
er, es, sie	ist	gezwungen worden
wir	sind . . .	gezwungen worden
ihr	seid . . .	gezwungen worden
sie	sind . . .	gezwungen worden

Plusquamperfekt

ich	war	gezwungen worden
du	warst . . .	gezwungen worden
er, es, sie	war	gezwungen worden
wir	waren . . .	gezwungen worden
ihr	waret . . .	gezwungen worden
sie	waren . . .	gezwungen worden

Futur I

ich	werde	gezwungen werden
du	wirst	gezwungen werden
er, es, sie	wird	gezwungen werden
wir	werden . . .	gezwungen werden
ihr	werdet . . .	gezwungen werden
sie	werden . . .	gezwungen werden

Futur II

ich	werde . .	gezwungen worden sein
du	wirst . .	gezwungen worden sein
er, es, sie	wird . . .	gezwungen worden sein
wir	werden .	gezwungen worden sein
ihr	werdet .	gezwungen worden sein
sie	werden .	gezwungen worden sein

Konjunktiv I

ich	(werde) würde	gezwungen	ich	sei	gezwungen worden
du	werdest	gezwungen	du	seiest . . .	gezwungen worden
er, es, sie	werde	gezwungen	er, es, sie	sei	gezwungen worden
wir	(werden) würden . . .	gezwungen	wir	seien . . .	gezwungen worden
ihr	(werdet) würden . . .	gezwungen	ihr	seiet . . .	gezwungen worden
sie	(werden) würden . . .	gezwungen	sie	seien . . .	gezwungen worden

Konjunktiv II

ich	würde	gezwungen	ich	wäre	gezwungen worden
du	würdest . . .	gezwungen	du	wär(e)st . .	gezwungen worden
er, es, sie	würde	gezwungen	er, es, sie	wäre	gezwungen worden
wir	würden . . .	gezwungen	wir	wären . . .	gezwungen worden
ihr	würdet . . .	gezwungen	ihr	wär(e)t . .	gezwungen worden
sie	würden . . .	gezwungen	sie	wären . . .	gezwungen worden

Imperativ

–

Infinitiv

gezwungen werden

Infinitiv Perfekt

gezwungen worden sein

Partizip I

–

Partizip II

gezwungen worden

Formen der starken und der unregelmäßigen Verben

Infinitiv	*Präsens (Präteritum / Konjunktiv II)* *(Perfekt)*
backen	Der Bäcker *bäckt* (*backte*) Brot. (hat ... *gebacken*)
	Der Schnee *backt* (*backte*) zusammen. (*ist* ... zusammen*gebackt*)
befehlen	Der Offizier *befiehlt* (*befahl / beföhle, befähle*) den Marsch. (hat ... *befohlen*)
beginnen	Das Konzert *beginnt* (*begann / begönne, begänne*). (hat ... *begonnen*)
beißen	Der Hund *beißt* (*biß / bisse*) den Jungen. (hat ... *gebissen*)
bergen	Man *birgt* (*barg / bärge*) die Schiffbrüchigen. (hat ... *geborgen*)
bewegen	Man *bewegt* (*bewog / bewöge*) den Mann, etwas zu tun. (hat ... *bewogen*)
	Er *bewegt* (*bewegte*) sein Bein. (hat ... *bewegt*)
biegen	Er *biegt* (*bog / böge*) den Finger. (hat ... *gebogen*)
	Er *biegt* (*bog / böge*) um die Straßenecke. (*ist* ... *gebogen*)
bieten	Er *bietet* (*bot / böte*) mir einen guten Preis. (hat ... *geboten*)
binden	Sie *bindet* (*band / bände*) Blumen. (hat ... *gebunden*)
bitten	Er *bittet* (*bat / bäte*) mich um Entschuldigung. (hat ... *gebeten*)
blasen	Der Musiker *bläst* (*blies*) die Klarinette. (hat ... *geblasen*)
bleiben	Er *bleibt* (*blieb*) hier. (*ist* ... *geblieben*)
bleichen	Die Farbe *verbleicht* (*verblich*) in der Sonne. (*ist* ... *verblichen*)
	Die Sonne *bleicht* (*bleichte*) die Wäsche. (hat ... *gebleicht*)
braten	Sie *brät* (*briet*) das Fleisch. (hat ... *gebraten*)
brechen	Er *bricht* (*brach / bräche*) das Brot. (hat ... *gebrochen*)
	Das Eis *bricht* (*brach / bräche*). (*ist* ... *gebrochen*)
brennen	Das Haus *brennt* (*brannte / brennte*). (hat ... *gebrannt*)
bringen	Er *bringt* (*brachte / brächte*) mir die Zeitung. (hat ... *gebracht*)
denken	Er *denkt* (*dachte / dächte*), daß ... (hat ... *gedacht*)
dreschen	Der Bauer *drischt* (*drosch / drösche*) das Getreide. (hat ... *gedroschen*)
dringen	Er *dringt* (*drang / dränge*) auf den Kauf. (hat ... *gedrungen*)
	Das Wasser *dringt* (*drang / dränge*) ins Boot. (*ist* ... *gedrungen*)
dürfen	Er *darf* (*durfte / dürfte*) nach Hause. (hat ... *gedurft*)
empfehlen	Er *empfiehlt* (*empfahl / empföhle, empfähle*) dieses Hotel. (hat ... *empfohlen*)
essen	Er *ißt* (*aß / äße*) keine Bananen. (hat ... *gegessen*)
fahren	Er *fährt* (*fuhr / führe*) nach Hause. (*ist* ... *gefahren*)
	Er *fährt* (*fuhr / führe*) einen Lastwagen. (hat ... *gefahren*)
fallen	Er *fällt* (*fiel*) von der Leiter. (*ist* ... *gefallen*)
fangen	Er *fängt* (*fing*) Fische. (hat ... *gefangen*)
fechten	Er *ficht* (*focht / föchte*) mit dem Säbel. (hat ... *gefochten*)
finden	Er *findet* (*fand / fände*) ein neues Zimmer. (hat ... *gefunden*)
flechten	Sie *flicht* (*flocht / flöchte*) ihre Zöpfe. (hat ... *geflochten*)
fliegen	Der Vogel *fliegt* (*flog / flöge*) schnell. (*ist* ... *geflogen*)
fliehen	Er *flieht* (*floh / flöhe*) vor dem Feind. (*ist* ... *geflohen*)
fließen	Das Wasser *fließt* (*floß / flösse*) schnell. (*ist* ... *geflossen*)
fressen	Die Katze *frißt* (*fraß / fräße*) Mäuse. (hat ... *gefressen*)
frieren	Das Wasser *friert* (*fror / fröre*) in der Nacht. (*ist* ... *gefroren*)
	Das Kind *friert* (*fror / fröre*) im Winter. (hat ... *gefroren*)
gären	Der Wein *gärt* (*gor / göre*). (hat, *ist* ... *gegoren*)
gebären	Die Frau *gebiert* (*gebar / gebäre*). (hat ... *geboren*)
geben	Er *gibt* (*gab / gäbe*) dir sein Buch. (hat ... *gegeben*)
gedeihen	Die Saat *gedeiht* (*gedieh*). (*ist* ... *gediehen*)
gehen	Er *geht* (*ging*) nach Hause. (*ist* ... *gegangen*)

gelingen	Der Versuch *gelingt* (*gelang* / *gelänge*). (*ist ... gelungen*)
gelten	Die Wette *gilt* (*galt* / *gälte, gölte*). (hat ... *gegolten*)
genesen	Das kranke Kind *genest* (*genas* / *genäse*). (*ist ... genesen*)
genießen	Er *genießt* (*genoß* / *genösse*) das Leben. (hat ... *genossen*)
geschehen	Etwas Schreckliches *geschieht* (*geschah* / *geschähe*). (*ist ... geschehen*)
gewinnen	Er *gewinnt* (*gewann* / *gewönne*) die Wette. (hat ... *gewonnen*)
gießen	Er *gießt* (*goß* / *gösse*) Wasser in den Wein. (hat ... *gegossen*)
gleichen	Er *gleicht* (*glich*) seinem Vetter. (hat ... *geglichen*)
gleiten	Der Eiskunstläufer *gleitet* (*glitt*) über das Eis. (*ist ... geglitten*)
graben	Er *gräbt* (*grub* / *grübe*) ein Loch in die Erde. (hat ... *gegraben*)
greifen	Der Affe *greift* (*griff*) nach der Banane. (hat ... *gegriffen*)
haben	Er *hat* (*hatte* / *hätte*) Hunger. (hat ... *gehabt*)
halten	Der Zug *hält* (*hielt*) hier. (hat ... *gehalten*)
hängen	Die Lampe *hängt* (*hing*) an der Decke. (hat ... *gehangen*)
hauen	Der Holzfäller *haut* (*haute*) im Wald Holz. (hat ... *gehauen*)
	Er *haut* (*hieb*) den Holzklotz in Stücke. (hat ... *gehauen*)
heben	Sie *hebt* (*hob* / *höbe*) das Kind auf den Stuhl. (hat ... *gehoben*)
heißen	Er *heißt* (*hieß*) Karl. (hat ... *geheißen*)
helfen	Er *hilft* (*half* / *hülfe*) mir bei der Arbeit. (hat ... *geholfen*)
kennen	Er *kennt* (*kannte* / *kennte*) uns. (hat ... *gekannt*)
klimmen	Er *erklimmt* (*erklomm* / *erklömme*) den Berggipfel. (hat ... *erklommen*)
klingen	Die Glocke *klingt* (*klang* / *klänge*) schön. (hat ... *geklungen*)
kneifen	Der Krebs *kneift* (*kniff*) ihn ins Bein. (hat ... *gekniffen*)
kommen	Er *kommt* (*kam* / *käme*) nach Hause. (*ist ... gekommen*)
können	Er *kann* (*konnte* / *könnte*) Deutsch. (hat ... *gekonnt*)
laden	Er *lädt* (*lud* / *lüde*) den Sand auf den Wagen. (hat ... *geladen*)
lassen	Er *läßt* (*ließ*) dem Kind den Ball. (hat ... *gelassen*)
laufen	Das Pferd *läuft* (*lief*) schnell. (*ist ... gelaufen*)
leiden	Er *leidet* (*litt*) an Kopfschmerzen. (*hat ... gelitten*)
leihen	Er *leiht* (*lieh*) uns Geld. (hat ... *geliehen*)
lesen	Er *liest* (*las* / *läse*) Romane. (hat ... *gelesen*)
liegen	Er *liegt* (*lag* / *läge*) im Bett. (hat ... *gelegen*)
löschen	Das Feuer *erlischt* (*erlosch* / *erlöschte*). (*ist ... erloschen*)
	Die Feuerwehr *löscht* (*löschte*) den Brand (hat ... *gelöscht*)
lügen	Der Junge *lügt* (*log* / *löge*). (hat ... *gelogen*)
mahlen	Sie *mahlt* (*mahlte*) Kaffee. (hat ... *gemahlen*)
meiden	Er *meidet* (*mied*) dieses Gasthaus. (hat ... *gemieden*)
melken	Sie *melkt* (*melkte*) die Kuh. (hat ... *gemolken, gemelkt*)
messen	Er *mißt* (*maß* / *mäße*) die Länge des Tisches. (hat ... *gemessen*)
mißlingen	Der Versuch *mißlingt* (*mißlang* / *mißlänge*). (*ist ... mißlungen*)
mögen	Er *mag* (*mochte* / *möchte*) moderne Musik. (hat ... *gemocht*)
müssen	Er *muß* (*mußte* / *müßte*) ins Büro. (hat ... *gemußt*)
nehmen	*Er nimmt* (*nahm* / *nähme*) eine Zigarette (hat ... *genommen*)
nennen	*Er nennt* (*nannte* / *nennte*) ihn beim Vornamen. (hat ... *genannt*)
pfeifen	Er *pfeift* (*pfiff*) ein Lied. (hat ... *gepfiffen*)
pflegen	Er *pflegt* (*pflog* / *pflöge*) Umgang mit vornehmen Leuten. (hat ... *gepflogen*)
	Sie *pflegt* (*pflegte*) ihr krankes Kind. (hat ... *gepflegt*)
preisen	Er *preist* (*pries*) das gute Essen. (hat ... *gepriesen*)
quellen	Blut *quillt* (*quoll* / *quölle*) aus der Wunde. (*ist ... gequollen*)
	Sie *quellt* (*quellte*) Kartoffeln. (hat ... *gequellt*)
raten	Er *rät* (*riet*) mir, eine Kur zu machen. (hat ... *geraten*)

reiben	Er *reibt* (*rieb*) sich die Augen. (hat . . . *gerieben*)
reißen	Das Halteseil *reißt* (*riß*). (*ist . . . gerissen*)
	Er *reißt* (*riß*) sich ein Loch in die Jacke. (hat . . . *gerissen*)
reiten	Er *reitet* (*ritt*) Hohe Schule. (*ist . . . geritten*)
	Er *reitet* (*ritt*) eine Stute. (hat . . . *geritten*)
rennen	Er *rennt* (*rannte / rennte*) über die Straße. (*ist . . . gerannt*)
riechen	Sie *riecht* (*roch / röche*) an der Blume. (hat . . . *gerochen*)
ringen	Der Schwerverletzte *ringt* (*rang / ränge*) mit dem Tode. (hat . . . *gerungen*)
rinnen	Das Wasser *rinnt* (*rann / ränne*) aus der Schüssel. (*ist . . . geronnen*)
rufen	Er *ruft* (*rief*) um Hilfe. (hat . . . *gerufen*)
salzen	Sie *salzt* (*salzte*) die Suppe. (hat . . . *gesalzen*)
saufen	Das Pferd *säuft* (*soff / söffe*) Wasser. (hat . . . *gesoffen*)
saugen	Das Neugeborene *saugt* (*sog / söge*) an der Mutterbrust. (hat . . . *gesogen*)
	Das Zimmermädchen *saugt* (*saugte*) den Teppich mit dem neuen Staubsauger. (hat . . . *gesaugt*)
schaffen	Der Künstler *schafft* (*schuf / schüfe*) ein neues Kunstwerk. (hat . . . *geschaffen*)
	Der Arbeiter *schafft* (*schaffte*) den ganzen Tag. (hat . . . *geschafft*)
schallen	Beifall *schallt* (*scholl / schölle*) über den Platz. (hat . . . *geschallt*)
scheiden	Er scheidet (*schied*) die Spreu vom Weizen. (hat . . . *geschieden*)
scheinen	Die Sonne *scheint* (*schien*). (hat . . . *geschienen*)
schelten	Der Vater *schilt* (*schalt / schölte*) seinen Jungen. (hat . . . *gescholten*)
scheren	Er *schert* (*schor / schöre*) Schafe. (hat . . . *geschoren*)
	Er *schert* (*scherte*) sich nicht um ihre Vorwürfe. (hat . . . *geschert*)
schieben	Er *schiebt* (*schob / schöbe*) die Karre. (hat . . . *geschoben*)
schießen	Der Jäger *schießt* (*schoß / schösse*) den Hasen. (hat . . . *geschossen*)
	Ihm *schießt* (*schoß / schösse*) das Blut in den Kopf (*ist . . . geschossen*)
schinden	Er *schindet* (*schund*) sich die Hände auf. (hat . . . *geschunden*)
schlafen	Er *schläft* (*schlief*). (hat . . . *geschlafen*)
schlagen	Er *schlägt* (*schlug / schlüge*) seinen Hund. (hat . . . *geschlagen*)
schleichen	Die Katze *schleicht* (*schlich*) durch den Garten. (*ist . . . geschlichen*)
schleifen	Er *schleift* (*schliff*) die Messer. (hat . . . *geschliffen*)
	Er *schleift* (*schleifte*) die Äste hinter sich her. (hat . . . *geschleift*)
schleißen	Die Arbeitshose *verschleißt* (*verschliß*). (*ist . . . verschlissen*)
schließen	Er *schließt* (*schloß / schlösse*) die Tür. (hat . . . *geschlossen*)
schlingen	Er *schlingt* (*schlang / schlänge*) sich den Schal um den Hals. (hat . . . *geschlungen*)
schmelzen	Der Schnee *schmilzt* (*schmolz / schmölze*) in der Sonne (*ist . . . geschmolzen*)
	Die Frau *schmilzt* (*schmolz*) das Fett in der Pfanne. (hat . . . *geschmolzen*)
schnauben	Das Pferd *schnaubt* (*schnaubte, schnob / schnöbe*). (hat . . . *geschnaubt*)
schneiden	Sie *schneidet* (*schnitt*) Brot. (hat . . . *geschnitten*)
schrecken	Sie *erschrickt* (*erschrak / erschräke*) vor Angst. (*ist . . . erschrocken*)
	Das Reh *schreckt* (*schreckte*). (hat . . . *geschreckt*)
schreiben	Er *schreibt* (*schrieb*) einen Brief. (hat . . . *geschrieben*)
schreien	Das Kind *schreit* (*schrie*). (hat . . . *geschrie[e]n*)
schreiten	Der Priester *schreitet* (*schritt*) zum Altar. (*ist . . . geschritten*)
schweigen	Er *schweigt* (*schwieg*) aus Höflichkeit. (hat . . . *geschwiegen*)
schwellen	Die Verletzung *schwillt* (*schwoll / schwölle*). (*ist . . . geschwollen*)
	Der Wind *schwellt* (*schwellte*) die Segel. (hat . . . *geschwellt*)
schwimmen	Er *schwimmt* (*schwamm / schwömme*) über den Fluß. (*ist . . . geschwommen*)
	Er *schwimmt* (*schwamm / schwömme*) den ganzen Tag. (hat . . . *geschwommen*)

schwinden	Seine Hoffnung *schwindet (schwand / schwände)*. (*ist . . . geschwunden*)
schwören	Er *schwört* (*schwor / schwöre*) vor Gericht. (hat . . . *geschworen*)
	Er *schwört* (*schwörte*) auf dieses Medikament. (hat . . . *geschworen*)
sehen	Er *sieht* (*sah / sähe*) einen Unfall. (hat . . . *gesehen*)
sein	Er *ist* (*war / wäre*) bei dir. (*ist . . . gewesen*)
senden	Er *sendet* (*sandte / sendete*) dir eine Nachricht. (hat . . . *gesandt*)
	Der Bayerische Rundfunk *sendet* (*sendete*) Nachrichten. (hat . . . *gesendet*)
sieden	Sie *siedet* (*sott / sötte*) den Fisch in zerlassener Butter. (hat . . . *gesotten*)
	Das Wasser *siedet* (*siedete*) schon. (hat . . . *gesiedet*)
singen	Er *singt* (*sang / sänge*) ein Lied. (hat . . . *gesungen*)
sinken	Das Schiff *sinkt* (*sank / sänke*). (ist . . . *gesunken*)
sinnen	Er *sinnt* (*sann / sänne*) nach Rache. (hat . . . *gesonnen*)
sitzen	Er *sitzt* (*saß / säße*) *hier*. (hat . . . *gesessen*)
sollen	Sie *soll* (*sollte*) ins Bett. (hat . . . *gesollt*)
spalten	Er *spaltet* (*spaltete*) Holz. (hat . . . *gespalten*)
speien	Er *speit* (*spie*) vor ihm aus. (hat . . . *gespie[e]n*)
spinnen	Die Spinne *spinnt* (*spann / spönne*) ein Netz. (hat . . . *gesponnen*)
sprechen	Er *spricht* (*sprach / spräche*) deutlich. (hat . . . *gesprochen*)
sprießen	Das junge Gras *sprießt* (*sproß / sprösse*). (*ist . . . gesprossen*)
springen	Er *springt* (*sprang / spränge*) hoch. (*ist . . . gesprungen*)
stechen	Die Biene *sticht* (*stach / stäche*). (hat . . . *gestochen*)
stecken	Der Schlüssel *steckt* (*steckte, stak / stäke*) im Schloß. (hat . . . *gesteckt*)
	Er *steckt* (*steckte*) den Ring an den Finger. (hat . . . *gesteckt*)
stehen	Sie *steht* (*stand / stünde*) auf der Leiter. (hat . . . *gestanden*)
stehlen	Er *stiehlt* (*stahl / stähle*) Geld. (hat . . . *gestohlen*)
steigen	Er *steigt* (*stieg*) auf den Berg. (*ist . . . gestiegen*)
sterben	Er *stirbt* (*starb / stürbe*) an Krebs. (*ist . . . gestorben*)
stieben	Der Blütenstaub *stiebt* (*stob / stöbe*) über die Felder. (*ist . . . gestoben*)
stinken	Die Garage *stinkt* (*stank / stänke*) nach Benzin. (hat . . . *gestunken*)
stoßen	Er *stößt* (*stieß*) ihn mit dem Ellbogen. (hat . . . *gestoßen*)
	Er *stößt* (*stieß*) auf seine Feinde. (*ist . . . gestoßen*)
streichen	Er *streicht* (*strich*) das Zimmer neu. (hat . . . *gestrichen*)
	Eine Schar Vögel *streicht* (*strich*) über die Felder (*ist . . . gestrichen*)
streiten	Er *streitet* (*stritt*) mit seinem Freund. (hat . . . *gestritten*)
tragen	Er *trägt* (*trug / trüge*) den Koffer allein. (hat . . . *getragen*)
treffen	Er *trifft* (*traf / träfe*) das Ziel. (hat . . . *getroffen*)
	Er *trifft* (*traf / träfe*) auf merkwürdige Menschen. (*ist . . . getroffen*)
treiben	Die Strömung *treibt* (*trieb*) das Boot an Land. (hat . . . *getrieben*)
	Das Boot *treibt* (*trieb*) an Land. (*ist . . . getrieben*)
treten	Er *tritt* (*trat / träte*) ihn mit dem Fuß. (hat . . . *getreten*)
	Er *tritt* (*trat / träte*) mit dem Fuß in ein Loch. (*ist . . . getreten*)
triefen	Er *trieft* (*troff, triefte / tröffe*) vor Nässe. (hat . . . *getroffen, getrieft*)
trinken	Er *trinkt* (*trank / tränke*) Wein. (hat . . . *getrunken*)
trügen	Sein Gedächtnis *trügt* (*trog / tröge*) ihn. (hat . . . *getrogen*)
tun	Er *tut* (*tat / täte*) nichts. (hat . . . *getan*)
verderben	Er *verdirbt* (*verdarb / verdürbe*) unsere gute Stimmung. (hat . . . *verdorben*)
	Die Milch *verdirbt* (*verdarb / verdürbe*). (*ist . . . verdorben*)
verdrießen	Es *verdrießt* (*verdroß / verdrösse*) ihn, daß . . . (hat . . . *verdrossen*)
vergessen	Er *vergißt* (*vergaß / vergäße*) seine Pflicht. (hat . . . *vergessen*)
verlieren	Er *verliert* (*verlor / verlöre*) seine Stellung. (hat . . . *verloren*)
wachsen	Der Baum *wächst* (*wuchs / wüchse*) schnell. (*ist . . . gewachsen*)

wägen	Er *wägt* (*wog* / *wöge*) die Bedingungen ab. (hat ... *gewogen*)
waschen	Sie *wäscht* (*wusch* / *wüsche*) die Hemden. (hat ... *gewaschen*)
weichen	Er *weicht* (*wich*) vor dem Feind. (*ist* ... *gewichen*)
	Sie *weicht* (*weichte*) die Wäsche ein. (hat ... *geweicht*)
weisen	Er *weist* (*wies*) ihm den Weg. (hat ... *gewiesen*)
wenden	Er *wendet* (*wandte*) den Kopf zu uns. (hat ... *gewandt*)
	Er *wendet* (*wendete*) den Wagen auf der Straße. (hat ... *gewendet*)
werben	Er *wirbt* (*warb* / *würbe*) für seine Waren. (hat ... *geworben*)
werden	Er *wird* (*wurde;* poet: *ward* / *würde*) krank. (*ist* ... *geworden*)
werfen	Er *wirft* (*warf* / *würfe*) den Ball. (hat ... *geworfen*)
wiegen	Er *wiegt* (*wog* / *wöge*) den Sack Zucker. (hat ... *gewogen*)
	Sie *wiegt* (*wiegte*) ihr Kind in den Armen. (hat ... *gewiegt*)
winden	Sie *windet* (*wand* / *wände*) einen Kranz. (hat ... *gewunden*)
wissen	Er *weiß* (*wußte* / *wisse*) meinen Namen. (hat ... *gewußt*)
wollen	Er *will* (*wollte*) nach Hause. (hat ... *gewollt*)
wringen	Sie *wringt* (*wrang* / *wränge*) die Wäsche (hat ... *gewrungen*)
zeihen	Er *zeiht* (*zieh*) sie der *Lüge*. (hat ... *geziehen*)
ziehen	Das Pferd *zieht* (*zog* / *zöge*) den Wagen. (hat ... *gezogen*)
zwingen	Er *zwingt* (*zwang* / *zwänge*) den Minister zum Rücktritt. (hat ... *gezwungen*)

Anm.: Viele Formen des Konjunktivs II werden in der Umgangssprache nur selten gebraucht. Man verwendet dafür die Konstruktion mit „würde".

Konjugation des Verbs ‚haben'

Präsens

ich	habe
du	hast
er, es, sie	hat
wir	haben
ihr	habt
sie	haben

Präteritum

ich	hatte
du	hattest
er, es, sie	hatte
wir	hatten
ihr	hattet
sie	hatten

Perfekt

ich	habe . . . . gehabt
du	hast . . . . gehabt
er, es, sie	hat . . . . gehabt
wir	haben . . . gehabt
ihr	habt . . . . gehabt
sie	haben . . . gehabt

Plusquamperfekt

ich	hatte . . . . gehabt
du	hattest . . . gehabt
er, es, sie	hatte . . . . gehabt
wir	hatten . . . gehabt
ihr	hattet . . . gehabt
sie	hatten . . . gehabt

Futur I

ich	werde . . . haben
du	wirst . . . . haben
er, es, sie	wird . . . . haben
wir	werden . . . haben
ihr	werdet . . . haben
sie	werden . . . haben

Futur II

ich	werde . . . . gehabt haben
du	wirst . . . . gehabt haben
er, es, sie	wird . . . . gehabt haben
wir	werden . . . gehabt haben
ihr	werdet . . . gehabt haben
sie	werden . . . gehabt haben

Konjunktiv I

ich	(habe) hätte	ich	(habe) hätte . . . . . gehabt
du	habest	du	habest . . . . gehabt
er, es, sie	habe	er, es, sie	habe . . . . gehabt
wir	(haben) hätten	wir	(haben) hätten . . . gehabt
ihr	habet	ihr	habet . . . . gehabt
sie	(haben) hätten	sie	(haben) hätten . . . gehabt

Konjunktiv II

ich	hätte	ich	hätte . . . . gehabt
du	hättest	du	hättest . . . gehabt
er, es, sie	hätte	er, es, sie	hätte . . . . gehabt
wir	hätten	wir	hätten . . . gehabt
ihr	hättet	ihr	hättet . . . gehabt
sie	hätten	sie	hätten . . . gehabt

Imperativ

habe! habe(e)t! haben Sie!

Infinitiv

haben

Infinitiv Perfekt

gehabt haben

Partizip I

(habend)

Partizip II

gehabt

Konjugation des Verbs ‚sein'

Präsens

ich	bin
du	bist
er, es, sie	ist
wir	sind
ihr	seid
sie	sind

Präteritum

ich	war
du	warst
er, es, sie	war
wir	waren
ihr	wart
sie	waren

Perfekt

ich	bin . . . . gewesen
du	bist . . . gewesen
er, es, sie	ist . . . . gewesen
wir	sind . . . gewesen
ihr	seid . . . gewesen
sie	sind . . . gewesen

Plusquamperfekt

ich	war . . . . gewesen
du	warst . . . gewesen
er, es, sie	war . . . . gewesen
wir	waren . . . gewesen
ihr	wart . . . . gewesen
sie	waren . . . gewesen

Futur I

ich	werde . . . . sein
du	wirst . . . . sein
er, es, sie	wird . . . . sein
wir	werden . . . sein
ihr	werdet . . . sein
sie	werden . . . sein

Futur II

ich	werde . . . gewesen sein
du	wirst . . . . gewesen sein
er, es, sie	wird . . . . gewesen sein
wir	werden . . . gewesen sein
ihr	werdet . . . gewesen sein
sie	werden . . . gewesen sein

Konjunktiv I

ich	sei	ich	sei . . . . . gewesen
du	sei(e)st	du	sei(e)st . . . gewesen
er, es, sie	sei	er, es, sie	sei . . . . . gewesen
wir	seien	wir	seien . . . . gewesen
ihr	seiet	ihr	seiet . . . . gewesen
sie	seien	sie	seien . . . . gewesen

Konjunktiv II

ich	wäre	ich	wäre . . . . gewesen
du	wär(e)st	du	wär(e)st . . gewesen
er, es, sie	wäre	er, es, sie	wäre . . . . gewesen
wir	wären	wir	wären . . . gewesen
ihr	wär(e)t	ihr	wär(e)t . . . gewesen
sie	wären	sie	wären . . . gewesen

Imperativ

sei! seid! seien Sie!

Infinitiv

sein

Infinitiv Perfekt

gewesen sein

Partizip I

(seiend)

Partizip II

gewesen

Konjugation des Verbs ‚werden‘

Präsens

ich	werde
du	wirst
er, es, sie	wird
wir	werden
ihr	werdet
sie	werden

Präteritum

ich	wurde
du	wurdest
er, es, sie	wurde
wir	wurden
ihr	wurdet
sie	wurden

Perfekt

ich	bin . . . (ge)worden
du	bist . . . (ge)worden
er, es, sie	ist . . . (ge)worden
wir	sind . . . (ge)worden
ihr	seid . . . (ge)worden
sie	sind . . . (ge)worden

Plusquamperfekt

ich	war . . . . (ge)worden
du	warst . . . . (ge)worden
er, es, sie	war . . . . (ge)worden
wir	waren . . . (ge)worden
ihr	wart . . . . (ge)worden
sie	waren . . . (ge)worden

Futur I

ich	werde . . . . werden
du	wirst . . . . werden
er, es, sie	wird . . . . werden
wir	werden . . . werden
ihr	werdet . . . werden
sie	werden . . . werden

Futur II

ich	werde . . . . (ge)worden sein
du	wirst . . . . (ge)worden sein
er, es, sie	wird . . . . (ge)worden sein
wir	werden . . . (ge)worden sein
ihr	werdet . . . (ge)worden sein
sie	werden . . . (ge)worden sein

Konjunktiv I

ich	(werde) würde	ich	sei . . . . (ge)worden
du	werdest	du	seist . . . (ge)worden
er, es, sie	werde	er, es, sie	sei . . . . (ge)worden
wir	(werden) würden	wir	seien . . . (ge)worden
ihr	(werdet) würdet	ihr	seiet . . . (ge)worden
sie	(werden) würden	sie	seien . . . (ge)worden

Konjunktiv II

ich	würde	ich	wäre . . . . (ge)worden
du	würdest	du	wär(e)st . . (ge)worden
er, es, sie	würde	er, es, sie	wäre . . . . (ge)worden
wir	würden	wir	wären . . . (ge)worden
ihr	würdet	ihr	wär(e)t . . (ge)worden
sie	würden	sie	wären . . . (ge)worden

Imperativ

werde! werdet! werden Sie!

Infinitiv

werden

Infinitiv Perfekt

(ge)worden sein

Partizip I

(werdend)

Partizip II

(ge)worden

Konjugation der Modalverben

wollen

Präsens

ich	will
du	willst
er, es, sie	will
wir	wollen
ihr	wollt
sie	wollen

Präteritum

ich	wollte
du	wolltest
er, es, sie	wollte
wir	wollten
ihr	wolltet
sie	wollten

Perfekt

ich	habe . . . . gewollt (wollen)
du	hast . . . . gewollt (wollen)
er, es, sie	hat . . . . gewollt (wollen)
wir	haben . . . gewollt (wollen)
ihr	habt . . . . gewollt (wollen)
sie	haben . . . gewollt (wollen)

Plusquamperfekt

ich	hatte . . . . gewollt (wollen)
du	hattest . . . gewollt (wollen)
er, es, sie	hatte . . . . gewollt (wollen)
wir	hatten . . . gewollt (wollen)
ihr	hattet . . . gewollt (wollen)
sie	hatten . . . gewollt (wollen)

Futur I

ich	werde . . . . wollen
du	wirst . . . . wollen
er, es, sie	wird . . . . wollen
wir	werden . . . wollen
ihr	werdet . . . wollen
sie	werden . . . wollen

Futur II

ich	werde . . . . gewollt haben
du	wirst . . . . gewollt haben
er, es, sie	wird . . . . gewollt haben
wir	werden . . . gewollt haben
ihr	werdet . . . gewollt haben
sie	werden . . . gewollt haben

Konjunktiv I

ich	wolle	ich	(habe) hätte . . gewollt (wollen)
du	wollest	du	habest . . . . . . gewollt (wollen)
er, es, sie	wolle	er, es, sie	habe . . . . gewollt (wollen)
wir	(wollen) wollten	wir	(haben) hätten . gewollt (wollen)
ihr	wollet	ihr	habet . . . . . . gewollt (wollen)
sie	(wollen) wollten	sie	(haben) hätten . gewollt (wollen)

Konjunktiv II

ich	(wollte) würde . . . . . wollen	ich	hätte . . . . gewollt (wollen)
du	(wolltest) würdest . . . wollen	du	hättest . . . gewollt (wollen)
er, es, sie	(wollte) würde . . . . . wollen	er, es, sie	hätte . . . . gewollt (wollen)
wir	(wollten) würden . . . wollen	wir	hätten . . . gewollt (wollen)
ihr	(wolltet) würdet . . . wollen	ihr	hättet . . . gewollt (wollen)
sie	(wollten) würden . . . wollen	sie	hätten . . . gewollt (wollen)

Imperativ

–

Infinitiv

wollen

Infinitiv Perfekt

gewollt haben

Partizip I

wollend

Partizip II

gewollt (wollen)

dürfen

Präsens

ich	darf
du	darfst
er, es, sie	darf
wir	dürfen
ihr	dürft
sie	dürfen

Präteritum

ich	durfte
du	durftest
er, es, sie	durfte
wir	durften
ihr	durftet
sie	durften

Perfekt

ich	habe . . . . gedurft (dürfen)
du	hast . . . . gedurft (dürfen)
er, es, sie	hat . . . . gedurft (dürfen)
wir	haben . . . gedurft (dürfen)
ihr	habt . . . . gedurft (dürfen)
sie	haben . . . gedurft (dürfen)

Plusquamperfekt

ich	hatte . . . . gedurft (dürfen)
du	hattest . . . gedurft (dürfen)
er, es, sie	hatte . . . . gedurft (dürfen)
wir	hatten . . . gedurft (dürfen)
ihr	hattet . . . gedurft (dürfen)
sie	hatten . . . gedurft (dürfen)

Futur I

ich	werde . . . . dürfen
du	wirst . . . . dürfen
er, es, sie	wird . . . . dürfen
wir	werden . . . dürfen
ihr	werdet . . . dürfen
sie	werden . . . dürfen

Futur II

ich	werde . . . . gedurft haben
du	wirst . . . . gedurft haben
er, es, sie	wird . . . . gedurft haben
wir	werden . . . gedurft haben
ihr	werdet . . . gedurft haben
sie	werden . . . gedurft haben

Konjunktiv I

ich	dürfe	ich	(habe) hätte . . . gedurft (dürfen)
du	dürfest	du	habest . . . . . . gedurft (dürfen)
er, es, sie	dürfe	er, es, sie	habe . . . . gedurft (dürfen)
wir	(dürfen) dürften	wir	(haben) hätten . gedurft (dürfen)
ihr	dürfet	ihr	habet . . . . . . gedruft (dürfen)
sie	(dürfen) dürften	sie	(haben) hätten . gedurft (dürfen)

Konjunktiv II

ich	dürfte	ich	hätte . . . . gedurft (dürfen)
du	dürftest	du	hättest . . . gedurft (dürfen)
er, es, sie	dürfte	er, es, sie	hätte . . . . gedurft (dürfen)
wir	dürften	wir	hätten . . . gedurft (dürfen)
ihr	dürftet	ihr	hättet . . . gedurft (dürfen)
sie	dürften	sie	hätten . . . gedurft (dürfen)

Imperativ

–

Infinitiv

dürfen

Infinitiv Perfekt

gedurft haben

Partizip I

–

Partizip II

gedurft (dürfen)

können

Präsens

ich	kann
du	kannst
er, es, sie	kann
wir	können
ihr	könnt
sie	können

Präteritum

ich	konnte
du	konntest
er, es, sie	konnte
wir	konnten
ihr	konntet
sie	konnten

Perfekt

ich	habe . . . . gekonnt (können)
du	hast . . . . gekonnt (können)
er, es, sie	hat . . . . gekonnt (können)
wir	haben . . . gekonnt (können)
ihr	habt . . . . gekonnt (können)
sie	haben . . . gekonnt (können)

Plusquamperfekt

ich	hatte . . . . gekonnt (können)
du	hattest . . . gekonnt (können)
er, es, sie	hatte . . . . gekonnt (können)
wir	hatten . . . gekonnt (können)
ihr	hattet . . . gekonnt (können)
sie	hatten . . . gekonnt (können)

Futur I

ich	werde . . . . können
du	wirst . . . . können
er, es, sie	wird . . . . können
wir	werden . . . können
ihr	werdet . . . können
sie	werden . . . können

Futur II

ich	werde . . . . gekonnt haben
du	wirst . . . . gekonnt haben
er, es, sie	wird . . . . gekonnt haben
wir	werden . . . gekonnt haben
ihr	werdet . . . gekonnt haben
sie	werden . . . gekonnt haben

Konjunktiv I

ich	könne	ich	(habe) hätte . . gekonnt (können)
du	könnest	du	habest . . . . . gekonnt (können)
er, es, sie	könne	er, es, sie	habe . . . . . . gekonnt (können)
wir	(können) könnten	wir	(haben) hätten gekonnt (können)
ihr	könntet	ihr	habet . . . . . gekonnt (können)
sie	(können) könnten	sie	(haben) hätten gekonnt (können)

Konjunktiv II

ich	könnte	ich	hätte . . . . gekonnt (können)
du	könntest	du	hättest . . . gekonnt (können)
er, es, sie	könne	er, es, sie	hätte . . . . gekonnt (können)
wir	könnten	wir	hätten . . . gekonnt (können)
ihr	könntet	ihr	hättet . . . gekonnt (können)
sie	könnten	sie	hätten . . . gekonnt (können)

Imperativ

–

Infinitiv

können

Infinitiv Perfekt

gekonnt haben

Partizip I

könnend

Partizip II

gekonnt (können)

müssen

Präsens

ich	muß
du	mußt
er, es, sie	muß
wir	müssen
ihr	müßt
sie	müssen

Präteritum

ich	mußte
du	mußtest
er, es, sie	mußte
wir	mußten
ihr	mußtet
sie	mußten

Perfekt

ich	habe . . . . gemußt (müssen)
du	hast . . . . gemußt (müssen)
er, es, sie	hat . . . . gemußt (müssen)
wir	haben . . . gemußt (müssen)
ihr	habt . . . . gemußt (müssen)
sie	haben . . . gemußt (müssen)

Plusquamperfekt

ich	hatte . . . . gemußt (müssen)
du	hattest . . . gemußt (müssen)
er, es, sie	hatte . . . . gemußt (müssen)
wir	hatten . . . gemußt (müssen)
ihr	hattet . . . gemußt (müssen)
sie	hatten . . . gemußt (müssen)

Futur I

ich	werde . . . müssen
du	wirst . . . . müssen
er, es, sie	wird . . . . müssen
wir	werden . . . müssen
ihr	werdet . . . müssen
sie	werden . . . müssen

Futur II

ich	werde . . . . gemußt haben
du	wirst . . . . gemußt haben
er, es, sie	wird . . . . gemußt haben
wir	werden . . . gemußt haben
ihr	werdet . . . gemußt haben
sie	werden . . . gemußt haben

Konjunktiv I

ich	müsse	ich	(habe) hätte . . gemußt (müssen)
du	müssest	du	habest . . . . . . gemußt (müssen)
er, es, sie	müsse	er, es, sie	habe . . . . gemußt (müssen)
wir	(müssen) müßten	wir	(haben) hätten . gemußt (müssen)
ihr	müßtet	ihr	habet . . . . . . gemußt (müssen)
sie	(müssen) müßten	sie	(haben) hätten . gemußt (müssen)

Konjunktiv II

ich	müßte	ich	hätte . . . . gemußt (müssen)
du	müßtest	du	hättest . . . gemußt (müssen)
er, es, sie	müßte	er, es, sie	hätte . . . . gemußt (müssen)
wir	müßten	wir	hätten . . . gemußt (müssen)
ihr	müßtet	ihr	hättet . . . gemußt (müssen)
sie	müßten	sie	hätten . . . gemußt (müssen)

Imperativ

–

Infinitiv

müssen

Infinitiv Perfekt

gemußt haben

Partizip I

–

Partizip II

gemußt (müssen)

sollen

Präsens

ich	soll
du	sollst
er, es, sie	soll
wir	sollen
ihr	sollt
sie	sollen

Präteritum

ich	sollte
du	solltest
er, es, sie	sollte
wir	sollten
ihr	solltet
sie	sollten

Perfekt

ich	habe . . . . gesollt (sollen)
du	hast . . . . gesollt (sollen)
er, es, sie	hat . . . . gesollt (sollen)
wir	haben . . . gesollt (sollen)
ihr	habt . . . . gesollt (sollen)
sie	haben . . . gesollt (sollen)

Plusquamperfekt

ich	hatte . . . . gesollt (sollen)
du	hattest . . . gesollt (sollen)
er, es, sie	hatte . . . . gesollt (sollen)
wir	hatten . . . gesollt (sollen)
ihr	hattet . . . gesollt (sollen)
sie	hatten . . . gesollt (sollen)

Futur I

ich	werde . . . . sollen
du	wirst . . . . sollen
er, es, sie	wird . . . . sollen
wir	werden . . . sollen
ihr	werdet . . . sollen
sie	werden . . . sollen

Futur II

ich	werde . . . . gesollt haben
du	wirst . . . . gesollt haben
er, es, sie	wird . . . . gesollt haben
wir	werden . . . gesollt haben
ihr	werdet . . . gesollt haben
sie	werden . . . gesollt haben

Konjunktiv I

ich	solle	ich	(habe) hätte . . . . gesollt (sollen)
du	sollest	du	habest . . . . . . gesollt (sollen)
er, es, sie	solle	er, es, sie	habe . . . . gesollt (sollen)
wir	(sollen) sollten	wir	(haben) hätten . . gesollt (sollen)
ihr	sollet	ihr	habet . . . . gesollt (sollen)
sie	(sollen) sollten	sie	(haben) hätten . . gesollt (sollen)

Konjunktiv II

ich	(sollte) würde . . . . sollen	ich	hätte . . . gesollt (sollen)
du	(solltest) würdest . . sollen	du	hättest . . . gesollt (sollen)
er, es, sie	(sollte) würde . . . . sollen	er, es, sie	hätte . . . gesollt (sollen)
wir	(sollten) würden . . . sollen	wir	hätten . . . gesollt (sollen)
ihr	(solltet) würdet . . . sollen	ihr	hättet . . . gesollt (sollen)
sie	(sollten) würden . . . sollen	sie	hätten . . . gesollt (sollen)

Imperativ

–

Infinitiv

sollen

Infinitiv Perfekt

gesollt haben

Partizip I

–

Partizip II

gesollt (sollen)

mögen

Präsens

ich	mag
du	magst
er, es, sie	mag
wir	mögen
ihr	mögt
sie	mögen

Präteritum

ich	mochte
du	mochtest
er, es, sie	mochte
wir	mochten
ihr	mochtet
sie	mochten

Perfekt

ich	habe . . . . gemocht (mögen)
du	hast . . . . gemocht (mögen)
er, es, sie	hat . . . . gemocht (mögen)
wir	haben . . . gemocht (mögen)
ihr	habt . . . . gemocht (mögen)
sie	haben . . . gemocht (mögen)

Plusquamperfekt

ich	hatte . . . . gemocht (mögen)
du	hattest . . . gemocht (mögen)
er, es, sie	hatte . . . . gemocht (mögen)
wir	hatten . . . gemocht (mögen)
ihr	hattet . . . gemocht (mögen)
sie	hatten . . . gemocht (mögen)

Futur I

ich	werde . . . . mögen
du	wirst . . . . mögen
er, es, sie	wird . . . . mögen
wir	werden . . . mögen
ihr	werdet . . . mögen
sie	werden . . . mögen

Futur II

ich	werde . . . . gemocht haben
du	wirst . . . . gemocht haben
er, es, sie	wird . . . . gemocht haben
wir	werden . . . gemocht haben
ihr	werdet . . . gemocht haben
sie	werden . . . gemocht haben

Konjunktiv I

ich	möge	ich	(habe) hätte . . gemocht (mögen)
du	mögest	du	habest . . . . . gemocht (mögen)
er, es, sie	möge	er, es, sie	habe . . . . . . gemocht (mögen)
wir	(mögen) mochten	wir	(haben) hätten . gemocht (mögen)
ihr	möget	ihr	habet . . . . . . gemocht (mögen)
sie	(mögen) mochten	sie	(haben) hätten . gemocht (mögen)

Konjunktiv II

ich	möchte	ich	hätte . . . . gemocht (mögen)
du	möchtest	du	hättest . . . gemocht (mögen)
er, es, sie	möchte	er, es, sie	hätte . . . . gemocht (mögen)
wir	möchten	wir	hätten . . . gemocht (mögen)
ihr	möchtet	ihr	hättet . . . gemocht (mögen)
sie	möchten	sie	hätten . . . gemocht (mögen)

Imperativ

–

Infinitiv

mögen

Infinitiv Perfekt

gemocht haben

Partizip I

mögend

Partizip II

gemocht (mögen)

Konjugation des Verbs ‚lassen'

Präsens

ich	lasse
du	läßt
er, es, sie	läßt
wir	lassen
ihr	laßt
sie	lassen

Präteritum

ich	ließ
du	ließ(es)t
er, es, sie	ließ
wir	ließen
ihr	ließ(e)t
sie	ließen

Perfekt

ich	habe . . . . gelassen (lassen)
du	hast . . . . gelassen (lassen)
er, es, sie	hat . . . . gelassen (lassen)
wir	haben . . . gelassen (lassen)
ihr	habt . . . . gelassen (lassen)
sie	haben . . . gelassen (lassen)

Plusquamperfekt

ich	hatte . . . . gelassen (lassen)
du	hattest . . . gelassen (lassen)
er, es, sie	hatte . . . . gelassen (lassen)
wir	hatten . . . gelassen (lassen)
ihr	hattet . . . gelassen (lassen)
sie	hatten . . . gelassen (lassen)

Futur I

ich	werde . . . . lassen
du	wirst . . . . lassen
er, es, sie	wird . . . . lassen
wir	werden . . . lassen
ihr	werdet . . . lassen
sie	werden . . . lassen

Futur II

ich	werde . . . . gelassen haben
du	wirst . . . . gelassen haben
er, es, sie	wird . . . . gelassen haben
wir	werden . . . gelassen haben
ihr	werdet . . . gelassen haben
sie	werden . . . gelassen haben

Konjunktiv I

ich	(lasse) ließe	ich	(habe) hätte . . . . gelassen
du	lassest	du	habest . . . . gelassen
er, es, sie	lasse	er, es, sie	habe . . . . gelassen
wir	(lassen) ließen	wir	(haben) hätten . . . gelassen
ihr	lasset	ihr	habet . . . . gelassen
sie	(lassen) ließen	sie	(haben) hätten . . . gelassen

Konjunktiv II

ich	ließe	ich	hätte . . . . gelassen (lassen)
du	ließest	du	hättest . . . gelassen (lassen)
er, es, sie	ließen	er, es, sie	hätte . . . . gelassen (lassen)
wir	(ließen) würden . . . lassen	ihr	hätten . . . gelassen (lassen)
ihr	ließet	ihr	hättet . . . gelassen (lassen)
sie	(ließen) würden . . . lassen	sie	hätten . . . gelassen (lassen)

Imperativ

laß! laßt! lassen Sie!

Infinitiv

lassen

Infinitiv Perfekt

gelassen haben

Partizip I

lassend

Partizip II

gelassen (lassen)

Gebrauch der Zeitformen

Präsens

für die Gegenwart	Was tust du da? Ich repariere meine Uhr.
für die unmittelbar bevorstehende Zukunft	Wartet hier. Ich bin gleich wieder zurück.
für die bis zur Gegenwart heranreichende Vergangenheit	Wir bleiben eine Woche in diesem Hotel. Er arbeitet seit zwei Jahren in dieser Fabrik.
für ständige Gültigkeit ohne bestimmten Zeitbezug	Australien liegt auf der südlichen Halbkugel unseres Planeten.
für eine Aufforderung	Ihr geht jetzt ins Bett, Kinder!

Perfekt

für die Vergangenheit und mit in die Gegenwart reichenden Auswirkungen	Ich habe mein Geld verloren. Ich bin jetzt mittellos.
für die Vergangenheit	Im vergangenen Jahr haben wir eine Reise nach Frankreich gemacht.
für die Zukunft; rückblickend von einem Zeitpunkt in der Zukunft	Bis zum Ende des Jahres haben wir hier unsere Arbeit beendet. Wenn du heimkommst, sind wir schon ins Bett gegangen.

Präteritum

für die Vergangenheit, die aus der Erinnerung geschildert wird	... Wir fuhren mit unserem Wagen bis Paris. Dort suchten wir uns ein Zimmer und ...
für Erzählungen	In diesem Dorf wohnte einmal ein Bauer, der ...
anstelle des Perfekts, wenn der Satz bestimmte Prädikatsergänzungen enthält	Letztes Jahr waren wir in Österreich. Die Tiere hatten Durst. Ihm war übel.
für die Gegenwart, rückblickend auf eine vergangene Situation	Herr Ober, ich bekam noch ein Glas Bier. Wer von Ihnen hatte noch einen Wunsch?

Plusquamperfekt

für die Vorvergangenheit beim Gebrauch des Perfekts und des Präteritums	Ich war heute beim Zahnarzt. Gestern hatte ich den ganzen Tag Zahnschmerzen gehabt. Als wir die Fahrkarte gelöst hatten, sind wir schnell zum Zug gegangen.

Futur

für die Zukunft zum Ausdruck einer Erwartung oder Befürchtung	Morgen wird es sicher wieder regnen. Du wirst die Prüfung bestehen.

zum Ausdruck einer Vermutung	Die Kinder werden jetzt schon schlafen. Wer wird vorhin an der Haustür geklingelt haben?
zum Ausdruck einer Ankündigung, einer Androhung u. a.	Ich werde dir das Geld nächsten Montag zurückgeben. Ihr werdet euch erkälten.
für eine Aufforderung	Sie werden sich bei dem Herrn entschuldigen!

Allgemeines zum Gebrauch der Zeitformen

Das *Präsens* ist die Zeitform für eine zusammenhängende Schilderung von Geschehnissen, die sich noch im Bereich des unmittelbaren, gegenwärtigen Erlebens abspielen. Hierbei wird das Perfekt für zeitlich Zurückliegendes verwendet.
Das *Präteritum* ist die Zeitform für eine zusammenhängende Schilderung von Geschehnissen, die aus der Erinnerung berichtet werden. Hierbei wird das Plusquamperfekt für zeitlich Vorherliegendes verwendet.
Das *Perfekt* ist die Gesprächsform für die Vergangenheit; außerdem gebraucht man es in Einleitungen und abschließenden Folgerungen von zusammenhängenden Schilderungen.

Gebrauch des Konjunktivs

Im Konjunktiv stehen zum Ausdruck der Zeit nur zwei Zeitformen zur Verfügung:
für die Gegenwart und die Zukunft

Konjunktiv I	er gehe in die Schule
Konjunktiv II	er ginge in die Schule

für die Vergangenheit

Konjunktiv I	er sei in die Schule gegangen er habe den Hund geschlagen
Konjunktiv II	er wäre in die Schule gegangen er hätte den Hund geschlagen

Konjunktiv I

zum Ausdruck erfüllbarer Wünsche	Er sei mein Freund! Er möge Erfolg haben!
für weiterberichtete Äußerungen dritter Personen (‚indirekte Rede')	Er behauptet, er sei im Büro gewesen.
mitunter in Finalsätzen nach der Konjunktion *damit*	Ich habe ihm Geld gegeben, damit er sich ein Brot kaufe.

Konjunktiv II

zum Ausdruck von Wünschen, deren Erfüllung unmöglich ist oder unwahrscheinlich erscheint	Wäre ich jetzt doch zu Hause! Wenn du ihm doch das Geld nicht gegeben hättest!
zur Beschreibung von Sachverhalten, die man sich nur vorstellt und deren Zustandekommen nicht mehr möglich ist oder fraglich erscheint	Wenn ich Zeit gehabt hätte, wäre ich zu dir gekommen. Bei günstigeren Bedingungen ginge er auf euren Vorschlag ein.
zum Ausdruck irrealer Vergleiche	Er läuft, als wäre die Polizei hinter ihm her.
für weiterberichtete Äußerungen dritter Personen (‚indirekte Rede'), wenn der Konjunktiv I mit dem Präsens oder dem Perfekt formengleich ist;	Er sagte, daß morgen seine Freunde kämen.
Bei Formengleichheit mit dem Präteritum oder dem Plusquamperfekt gebraucht man den Konjunktiv II von *werden* + Infinitiv (nicht aber in wenn-Sätzen!)	Wenn uns seine Hilfe etwas nützte, würde ich es sagen.

Gebrauch des Passivs

Ausschlaggebend für den Gebrauch des Passivs ist die Wahl des Subjekts und die Wahl der lexikalischen Mittel, mit denen ein Geschehen beschrieben werden soll. Die Wahl des Subjekts wird von der Mitteilungsperspektive bestimmt. Vom Subjekt aus baut sich der Satz auf, dessen übrige Satzglieder sich um das Subjekt gruppieren oder ihm folgen.

	geänderte Mitteilungsperspektive
Ein Dieb hat der Schauspielerin den Schmuck gestohlen.	Der Schauspielerin *ist der Schmuck gestohlen worden.*
Nachts strahlen *die Scheinwerfer* die alte Schloßruine an.	Nachts wird *die alte Schloßruine* angestrahlt.

Neben dem Passiv gibt es noch weitere Mittel zur Anpassung an die Mitteilungsperspektive

	geänderte Mitteilungsperspektive
Er hat Hans ein Buch geschenkt.	*Hans* hat ein Buch geschenkt bekommen.
Man öffnet den Vorhang.	*Der Vorhang* öffnet sich.
Er hat meine Wünsche erfüllt.	*Meine Wünsche* gingen in Erfüllung.

Gebrauch der Modalverben

1. Das Modalverb bezieht sich auf den Sprecher und signalisiert seine Stellungnahme zu dem beschriebenen Sachverhalt
2. Das Modalverb bezieht sich auf das Subjekt
3. Das Modalverb bezieht sich auf eine meistens nicht genannte Person oder Personengruppe

wollen

1. Günter will schon in Japan gewesen sein.
2. Der Junge will heute zu seinen Großeltern gehen. (... hat gestern ... gehen wollen.)
   Der Kranke will bald wieder gesund werden. (... hat ... werden wollen.)
   Eine Reise will gut vorbereitet sein.
   Die Maschine will gut gepflegt werden.
   Der Regen will heute gar nicht mehr aufhören. (... hat gestern ... aufhören wollen).

dürfen

1. Das Essen dürfte jetzt fertig sein.
2. Die Kinder dürfen jetzt zum Spielen gehen. (... haben gestern ... gehen dürfen.)
   Ein Ei darf nur vier Minuten kochen. (... hat ... kochen dürfen.)

können

1. Die Touristen können inzwischen an ihrem Zielort angekommen sein.
   Peter könnte seinen alten Vater wirklich besser unterstützen.
2. Kannst du Englisch? (Hast du ... gekonnt?)
   Die Frau kann den schweren Koffer nicht tragen. (... hat ... tragen können.)
   Bei dieser Witterung kann die Wäsche schnell trocknen. (... hat ... trocknen können.)
3. Der Betrüger konnte schnell gefaßt werden. (... hat ... gefaßt werden können.)

müssen

1. Die Leute müssen nach der Arbeit sehr müde sein.
   Er müßte inzwischen seine Schulden bezahlt haben.
2. Wir müssen jetzt gehen, wenn wir nicht zu spät kommen wollen. (... haben vorhin gehen müssen.)
   Der Mann muß immer Streit anfangen. (... hat ... anfangen müssen.)
   Das Fleisch muß eine halbe Stunde kochen, bis es gar ist. (... hat ... kochen müssen).
   Sie müssen sich den Film einmal ansehen.

sollen

1. Herr Schmidt soll Vorsitzender des Sportvereins geworden sein.
   Bei diesem Wetter solltest du dir einen Mantel anziehen.
2. Der Elektriker soll morgen zu uns kommen und die Lampe reparieren. (... hat gestern ... kommen sollen.)
   Du sollst die Wahrheit sagen.
   Sie sollen mit uns zufrieden sein.
   Wir sollen eben kein Glück haben. (... haben ... haben sollen.)

mögen

1. Er mag jetzt siebzig Jahre alt sein.
2. Wir mögen den Jungen. (... haben ... gemocht.)
   Ich möchte ein Zimmer mit fließendem warmem und kaltem Wasser. (... habe ... gewollt)
   Hilde möchte nähen lernen. (... hat nähen lernen wollen.)

Das Nomen

Nomen sind Wörter, die Lebewesen, Dinge und Begriffe bezeichnen:
Mann, Pferd, Baum; Haus, Fluß; Glaube, Freundschaft

Sie teilen sich in drei Nomenklassen auf, die mit drei Artikeln gekennzeichnet werden:

1. maskulin	*der* Mann, *der* Tisch, *der* Streit
2. neutral	*das* Kind, *das* Haus, *das* Gefühl
3. feminin	*die* Frau, *die* Straße, *die* Liebe

Die meisten Nomen deuten durch eigene Formen die Pluralbedeutung an.

1. Nomen ohne Pluralform	–	die Wagen (der Wagen), die Zimmer (das Zimmer)
2. Umlaut	̎	die Väter (der Vater), die Mütter (die Mutter)
3. Endung -e	-e	die Tage (der Tag), die Hefte (das Heft)
Endung -e und Umlaut	̎e	die Söhne (der Sohn), die Hände (die Hand)
4. Endung -er	-er	die Leiber (der Leib), die Kinder (das Kind)
Endung -er und Umlaut	̎er	die Männer (der Mann), die Wörter (das Wort)
5. Endung -(e)n	–(e)n	die Hasen (der Hase), die Frauen (die Frau)
6. Endung -s	-s	die Decks (das Deck), die Autos (das Auto)

Mit Hilfe von Kasusmorphemen bilden die Nomen Deklinationsformen, die Funktionen signalisieren und Inhalte andeuten. Vgl. S. 83.

		maskulin I	*maskulin II*	*neutral*	*feminin*
Singular	Nominativ	d*er* Freund	d*er* Mensch	d*as* Kind	d*ie* Mutter
	Akkusativ	d*en* Freund	d*en* Mensch*en*	d*as* Kind	d*ie* Mutter
	Dativ	d*em* Freund(*e*)	d*em* Mensch*en*	d*em* Kind(*e*)	d*er* Mutter
	Genitiv	d*es* Freund*es*	d*es* Mensch*en*	d*es* Kind*es*	d*er* Mutter
Plural	Nominativ	d*ie* Freunde	d*ie* Menschen	d*ie* Kinder	d*ie* Mütter
	Akkusativ	d*ie* Freunde	d*ie* Menschen	d*ie* Kinder	d*ie* Mütter
	Dativ	d*en* Freunde*n*	d*en* Menschen	d*en* Kinder*n*	d*en* Mütter*n*
	Genitiv	d*er* Freunde	d*er* Menschen	d*er* Kinder	d*er* Mütter

Das Adjektiv

Adjektive bezeichnen Qualität *(gut, klug)* und Quantität *(zwei, hundert)*

Adjektive stehen im Satz

als Prädikatsergänzung — Das Haus ist hoch. Ich finde den Roman gut.

als Modalangabe und — Er ging schnell aus dem Zimmer.

als Attribut — Der brave Junge hat ein schönes Geschenk bekommen.

Als Attribut nimmt das Adjektiv wie die attributiven Partizipien die Kasusmorpheme an, wenn diese nicht an anderer Stelle im Satzglied erscheinen. — Ich sehe an der Verkehrsampel rot*es* Licht. Hier ist der Junge, mit dessen älter*em* Bruder ich seit länger*er* Zeit befreundet bin. Dort steht ein alt*er* Mann.

Wenn das Kasusmorphem an anderer Stelle im Satzglied erscheint, erhält das attributive Adjektiv und die attributiven Partizipien die Attributmorpheme -e oder -en. — Wir wollen mit dem nächst*en* Zug fahren. In der kommend*en* Woche wird die international*e* Kunstausstellung eröffnet.

Zahladjektive bleiben, bis auf wenige Ausnahmen, auch als Attribute endungslos. — Er ist Vater zwei*er* Söhne. Sie ist die Älteste von vier Geschwistern.

Rektion des Adjektivs Vgl. Satzstruktur S. 107.

Deklination der vorangestellten Attribute (Adjektive, Partizipien)

1. ohne voraufgehenden Artikel, Pronomen usw. und nach Genitivattributen

		maskulin	*neutral*	*feminin*
Singular	Nominativ	alt*er* Wein	rot*es* Licht	frisch*e* Luft
	Akkusativ	alt*en* Wein	rot*es* Licht	frisch*e* Luft
	Dativ	alt*em* Wein	rot*em* Licht	frisch*er* Luft
	Genitiv	alt*en* Weines	rot*en* Lichtes	frisch*er* Luft
Plural	Nominativ	gut*e* Bücher		
	Akkusativ	gut*e* Bücher		
	Dativ	gut*en* Büchern		
	Genitiv	gut*er* Bücher		

	Singular			Plural
	maskulin	*neutral*	*feminin*	
Nominativ	-er	-es	-e	-e
Akkusativ	-en	-es	-e	-e
Dativ	-em	-em	-er	-en
Genitiv	*-en*	*-en*	-er	-er

Die Attribute erhalten die Kasusmorpheme; Attribute beim Genitiv maskulin und neutralen Singular erhalten die Attributmorpheme (*-en*).

2. nach dem bestimmten Artikel, nach Demonstrativpronomen, Fragepronomen und nach einigen unbestimmten Pronomen

		maskulin	neutral	feminin
Singular	Nominativ	der alt*e* Wein	das rot*e* Licht	die frisch*e* Luft
	Akkusativ	den alt*en* Wein	das rot*e* Licht	die frisch*e* Luft
	Dativ	dem alt*en* Wein	dem rot*en* Licht	der frisch*en* Luft
	Genitiv	des alt*en* Weines	des rot*en* Lichtes	der frisch*en* Luft
Plural	Nominativ	die gut*en* Bücher		
	Akkusativ	die gut*en* Bücher		
	Dativ	den gut*en* Büchern		
	Genitiv	der gut*en* Bücher		

	Singular			Plural
	maskulin	*neutral*	*feminin*	
Nominativ	-e	-e	-e	-en
Akkusativ	-en	-e	-e	-en
Dativ	-en	-en	-en	-en
Genitiv	-en	-en	-en	-en

Die Attribute erhalten die Attributmorpheme -e oder -en.

3. nach dem unbestimmten Artikel, nach Possessivpronomen und nach *kein*

		maskulin	neutral	feminin
Singular	Nominativ	ein kluge*r* Mann	ein brave*s* Kind	eine jung*e* Frau
	Akkusativ	einen kluge*n* Mann	ein brave*s* Kind	eine jung*e* Frau
	Dativ	einem kluge*n* Mann	einem brave*n* Kind	einer jung*en* Frau
	Genitiv	eines kluge*n* Mannes	eines brave*n* Kindes	einer jung*en* Frau

Plural	Nominativ	meine beid*en* Brüder
	Akkusativ	meine beid*en* Brüder
	Dativ	meinen beid*en* Brüdern
	Genitiv	meiner beid*en* Brüder

	Singular			*Plural*
	maskulin	*neutral*	*feminin*	
Nominativ	*-er*	*-es*	-e	-en
Akkusativ	-en	*-es*	-e	-en
Dativ	-en	-en	-en	-en
Genitiv	-en	-en	-en	-en

Die Attribute erhalten die Attributmorpheme -e oder -en; die Attribute beim maskulinen und neutralen Nominativ Singular und beim neutralen Akkusativ Singular erhalten die Kasusmorpheme *-er* oder *-es.*

Komparation

Zum Ausdruck von Vergleichsstufen bilden die Adjektive folgende Komparationsformen:

		Komparativ	*Superlativ*
	billig-	billig*er*-	billig*st*-
	schnell-	schnell*er*-	schnell*st*-
Adjektive auf -d	fad-	fad*er*	fad*est*-
auf -t	weit-	weit*er*-	weit*est*-
auf -ß	süß-	süß*er*	süß*est*-
auf -sch	rasch-	rasch*er*-	rasch*est*-
auf -x	fix-	fix*er*-	fix*est*-
auf -z	kurz-	kürz*er*-	kürz*est*-
auf -el	dunkel (dunkl-)	dunkl*er*-	dunkel*st*-
auf -en	trocken (trockn-)	trockn*er*	trocken*st*-
auf -er	teuer (teur-)	teur*er*	teuer*st*-
Adjektive mit Umlaut in den Vergleichsstufen	alt-	ält*er*	ält*est*-
	jung-	jüng*er*-	jüng*st*-
	dumm-	dümm*er*	dümm*st*-
Adjektive mit unregelmäßigen Komparationsformen	groß-	größ*er*-	größ*t*-
	hoch (hoh-)	höh*er*-	höch*st*-
	nah-	näh*er*-	näch*st*-
	gut-	bess*er*-	be*st*-
	viel, viele	meh*r*	mei*st*-

Als Satzglied wird der Superlativ mit der Präposition *an* gekennzeichnet: Er läuft *am* schnell*sten*. Im Sommer ist das Gemüse *am* billig*sten.*

Zahladjektive

Grundzahlen

0 null	10 zehn	20 zwanzig	100 (ein)hundert
1 eins	11 elf	21 einundzwanzig	101 hunderteins
2 zwei	12 zwölf	22 zweiundzwanzig	200 zweihundert
3 drei	13 dreizehn	30 dreißig	1 000 (ein)tausend
4 vier	14 vierzehn	40 vierzig	1 001 tausendeins
5 fünf	15 fünfzehn	50 fünfzig	2 000 zweitausend
6 sechs	16 sechzehn	60 sechzig	10 000 zehntausend
7 sieben	17 siebzehn	70 siebzig	100 000 hunderttausend
8 acht	18 achtzehn	80 achtzig	1 000 000 eine Million
9 neun	19 neunzehn	90 neunzig	

Ordnungszahlen

der (das, die) erste	elfte	tausendste
zweite	zwölfte	millionste
dritte	dreizehnte	
vierte		
fünfte	zwanzigste	
sechste	einundzwanzigste	
siebte		
achte	hundertste	
neunte	hunderterste	
zehnte		

Einteilungszahlen

1. erstens
2. zweitens
3. drittens

Bruchzahlen

$^1/_2$ ein halb-	$^1/_{16}$ ein Sechzehntel
$^1/_3$ ein Drittel	$^1/_{100}$ ein Hundertstel
$^2/_5$ zwei Fünftel	$^5/_{1000}$ fünf Tausendstel
$1^1/_2$ anderthalb eineinhalb	$3^1/_4$ drei ein Viertel
$2^1/_2$ zweieinhalb	$5^6/_8$ fünf sechs Achtel

Gattungszahlen

zweierlei	hunderterlei
dreierlei	tausenderlei

Wiederholungszahlen

einmal	zwanzigmal	hundertmal
zweimal	dreißigmal	tausendmal

Vervielfältigungszahlen

einfach	zehnfach
zweifach, doppelt	zwanzigfach
dreifach	hundertfach

Das Pronomen

Personalpronomen

Personalpronomen bezeichnen den Sprecher oder die Personengruppe, die der Sprecher vertritt (1. Person), den oder die Angesprochenen (2. Person) und die Personen oder Sachen, über die gesprochen wird (3. Person).

		Singular			*Plural*	
1. Person	Nominativ	ich			wir	
	Akkusativ	mich			uns	
	Dativ	mir			uns	
	Genitiv	(meiner)			(unser)	
2. Person	Nominativ	du	Sie		ihr	Sie
	Akkusativ	dich	Sie		euch	Sie
	Dativ	dir	Ihnen		euch	Ihnen
	Genitiv	(deiner)	(Ihrer)		(euer)	(Ihrer)
		mask.	*neutr.*	*femn.*		
3. Person	Nominativ	er	es	sie	sie	
	Akkusativ	ihn	es	sie	sie	
	Dativ	ihm	ihm	ihr	ihnen	
	Genitiv	(seiner)	(seiner, dessen)	(ihrer)	(ihrer, deren)	

Habt ihr gestern mit Fritz über uns gesprochen? – Ja, wir haben mit ihm über euch gesprochen.

Wenn Personalpronomen bei der Personalform stehen, schließen sie sich mit ihr zu einer Lautgruppe zusammen. Vgl. Intonation S. 114.

Reflexivpronomen

Das Reflexivpronomen *sich* (für die 3. Person) und die reflexiv gebrauchten Personalpronomen (für die 1. und 2. Personen) erfüllen innerhalb bestimmter Satzstrukturen zwei verschiedene Aufgaben:

1. zur Kennzeichnung der Identität, wenn in einem Satz die gleiche Person in zwei verschiedenen Satzgliedfunktionen genannt wird

Die Frau wäscht sich. Sie wäscht sich die Haare. Ich wasche mich. Ich wasche mir die Haare. Er braucht nur für sich zu sorgen.

2. als Funktionsobjekt, wenn bestimmte Verben besondere Satzstrukturformen erfordern. Vgl. S. 95, 105 (reflexive Verben).

Das Mädchen hat sich erkältet. Du mußt dich beeilen. Hier sitzt es sich bequem.

		1. Person	2. Person	3. Person
Singular	Nominativ	–	–	–
	Akkusativ	mich	dich / *sich*	*sich*
	Dativ	mir	dir / *sich*	*sich*
	Genitiv	meiner	deiner / Ihrer *selbst*	seiner *selbst*, (femn.) ihrer *selbst*
Plural	Nominativ	–	–	–
	Akkusativ	uns	euch / *sich*	*sich*
	Dativ	uns	euch / *sich*	*sich*
	Genitiv	unser	euer / Ihrer *selbst*	ihrer *selbst*

Fragepronomen

wer? was?

Das Fragepronomen *wer?* erfragt Personen; das Fragepronomen *was?* erfragt Sachen, Begriffe und Sachverhalte.

Nominativ	*wer?*	*was?*
Akkusativ	*wen?*	*was?*
Dativ	*wem?*	–
Genitiv	*wessen?*	*wessen?*

Wer ist da? Mit wem hast du gesprochen? Was ist das? Was machst du morgen?

welch-?

Das Fragepronomen *welch-?* fragt nach einer Person oder Sache aus einer bekannten Gruppe von Personen oder Sachen zum Zweck der Identifizierung.

1. als Attribut

		maskulin	*neutral*	*feminin*
Singular	Nominativ	welch*er* Mann?	welch*es* Kind?	welch*e* Frau?
	Akkusativ	welch*en* Mann?	welch*es* Kind?	welch*e* Frau?
	Dativ	welch*em* Mann?	welch*em* Kind?	welch*er* Frau?
	Genitiv	welch*es* Mannes? welch*en* Mannes?	welch*es* Kindes? welch*en* Kindes?	welch*er* Frau?
Plural	Nominativ	welch*e* Männer, Kinder, Frauen?		
	Akkusativ	welch*e* Männer, Kinder, Frauen?		
	Dativ	welch*en* Männern, Kindern, Frauen?		
	Genitiv	welch*er* Männer, Kinder, Frauen?		

2. als Satzglied

		maskulin	*neutral*	*feminin*
Singular	Nominativ	welch*er*?	welch*es*?	welch*e*?
	Akkusativ	welch*en*?	welch*es*?	welch*e*?
	Dativ	welch*em*?	welch*em*?	welch*er*?
	Genitiv	welch*es*?	welch*es*?	welch*er*?
Plural	Nominativ	welch*e*?		
	Akkusativ	welch*e*?		
	Dativ	welch*en*?		
	Genitiv	welch*er*?		

1. *Für welchen modernen Schriftsteller interessieren Sie sich?*
2. *Welches von diesen Kleidern gefällt dir am besten?*

was für ein-?

Die Frageeinleitung *was für ein-?* fragt nach einer Klassifizierung oder Gruppierung sowie nach der Art einer Person oder Sache; Plural *was für?, was für welche?*

1. als Attribut

		maskulin	*neutral*	*feminin*
Singular	Nominativ	was für ein Mann?	was für ein Kind?	was für ein*e* Frau?
	Akkusativ	was für ein*en* Mann?	was für ein Kind?	was für ein*e* Frau?
	Dativ	was für ein*em* Mann?	was für ein*em* Kind?	was für ein*er* Frau?
	Genitiv	was für ein*es* Mannes?	was für ein*es* Kindes?	was für ein*er* Frau?

Plural	Nominativ	was für Männer, Kinder, Frauen?
	Akkusativ	was für Männer, Kinder, Frauen?
	Dativ	was für Männern, Kindern, Frauen?
	Genitiv	–

2. als Satzglied

		maskulin	*neutral*	*feminin*
Singular	Nominativ	was für ein*er*?	was für ein*s*?	was für ein*e*?
	Akkusativ	was für ein*en*?	was für ein*s*?	was für ein*e*?
	Dativ	was für ein*em*?	was für ein*em*?	was für ein*er*?
	Genitiv	was für ein*es*?	was für ein*es*?	was für ein*er*?
Plural	Nominativ	was für *welche*?		
	Akkusativ	was für *welche*?		
	Dativ	was für *welchen*?		
	Genitiv	–		

1. *Was für einen Roman hast du gerade gelesen? – Einen Kriminalroman. Einen modernen.*
2. *Ich habe mir einen Mantel gekauft. – Was für einer ist es? – Ein Regenmantel.*

Demonstrativpronomen

Das Demonstrativpronomen *der (das, die)* weist nachdrücklich auf eine bestimmte Person oder Sache hin; es wird vorzugsweise in der mündlichen Rede gebraucht.

der

1. als Attribut (stets betont)

		maskulin	*neutral*	*feminin*
Singular	Nominativ	d*er* Mann	d*as* Kind	d*ie* Frau
	Akkusativ	d*en* Mann	d*as* Kind	d*ie* Frau
	Dativ	d*em* Mann	d*em* Kind	d*er* Frau
	Genitiv	(dieses Mannes)	(dieses Kindes)	(dieser Frau)
Plural	Nominativ	d*ie* Männer, Kinder, Frauen		
	Akkusativ	d*ie* Männer, Kinder, Frauen		
	Dativ	d*en* Männern, Kindern, Frauen		
	Genitiv	(dieser Männer, Kinder, Frauen)		

2. als Satzglied

		maskulin	*neutral*	*feminin*
Singular	Nominativ	der	das	die
	Akkusativ	den	das	die
	Dativ	dem	dem	der
	Genitiv	dessen	dessen	deren
Plural	Nominativ	die		
	Akkusativ	die		
	Dativ	denen		
	Genitiv	deren		

1. *Haben Sie* d a s *Buch schon gelesen? – Nein, ich habe es noch nicht gelesen.*
2. *Bist du mit Hans befreundet? – Nein, der war einmal mein Freund.*

dieser

Das Demonstrativpronomen *dies-* weist auf eine bestimmte Person oder Sache hin.

1. als Attribut

		maskulin	*neutral*	*feminin*
Singular	Nominativ	dies*er* Mann	dies*es* Kind	dies*e* Frau
	Akkusativ	dies*en* Mann	dies*es* Kind	dies*e* Frau
	Dativ	dies*em* Mann	dies*em* Kind	dies*er* Frau
	Genitiv	dies*es* Mannes	dies*es* Kindes	dies*er* Frau
Plural	Nominativ	dies*e* Männer, Kinder, Frauen		
	Akkusativ	dies*e* Männer, Kinder, Frauen		
	Dativ	dies*en* Männern, Kindern, Frauen		
	Genitiv	dies*er* Männer, Kinder, Frauen		

2. als Satzglied

		maskulin	*neutral*	*feminin*
Singular	Nominativ	dies*er*	dies*es*	dies*e*
	Akkusativ	dies*en*	dies*es*	dies*e*
	Dativ	dies*em*	dies*em*	dies*er*
	Genitiv	(dessen)	(dessen)	(deren)

Plural	Nominativ	diese
	Akkusativ	diese
	Dativ	diesen
	Genitiv	(deren)

1. *Seid ihr schon einmal mit diesem Schiff gefahren?*
2. *Mit diesem noch nicht, aber mit einem anderen.*

jener

Das Demonstrativpronomen *jener* weist auf Entfernterliegendes hin. Man gebraucht es nur im deutlichen Gegensatz zu *dieser* oder *der*.

1. als Attribut

		maskulin	*neutral*	*feminin*
Singular	Nominativ	jener Mann	jenes Kind	jene Frau
	Akkusativ	jenen Mann	jenes Kind	jene Frau
	Dativ	jenem Mann	jenem Kind	jener Frau
	Genitiv	jenes Mannes	jenes Kindes	jener Frau
Plural	Nominativ	jene Männer, Kinder, Frauen		
	Akkusativ	jene Männer, Kinder, Frauen		
	Dativ	jenen Männern, Kindern, Frauen		
	Genitiv	jener Männer, Kinder, Frauen		

2. als Satzglied

		maskulin	*neutral*	*feminin*
Singular	Nominativ	jener	jenes	jene
	Akkusativ	jenen	jenes	jene
	Dativ	jenem	jenem	jener
	Genitiv	–	–	–
Plural	Nominativ	jene		
	Akkusativ	jene		
	Dativ	jenen		
	Genitiv	–		

1. *Dieses Haus hier ist nicht das Geburtshaus des Dichters, sondern jenes alte Gebäude auf der anderen Seite des Flusses.*
2. *Womit beschäftigt sich der alte Mann jetzt? – Ach, er tut mal dieses, mal jenes.*

derselbe

Das Demonstrativpronomen *derselbe* bezeichnet die Identität von Personen und von Sachen.

1. als Attribut

		maskulin	*neutral*	*feminin*
Singular	Nominativ	der*selbe* Mann	d*a*sselbe Kind	d*ie*selbe Frau
	Akkusativ	de*n*selb*en* Mann	d*a*sselbe Kind	d*ie*selbe Frau
	Dativ	de*m*selb*en* Mann	de*m*selb*en* Kind	de*r*selb*en* Frau
	Genitiv	de*s*selb*en* Mannes	de*s*selb*en* Kindes	de*r*selb*en* Frau
Plural	Nominativ	d*ie*selb*en* Männer, Kinder, Frauen		
	Akkusativ	d*ie*selb*en* Männer, Kinder, Frauen		
	Dativ	de*n*selb*en* Männern, Kindern, Frauen		
	Genitiv	de*r*selb*en* Männer, Kinder, Frauen		

2. als Satzglied

		maskulin	*neutral*	*feminin*
Singular	Nominativ	de*r*selbe	d*a*sselbe	d*ie*selbe
	Akkusativ	de*n*selb*en*	d*a*sselbe	d*ie*selbe
	Dativ	de*m*selb*en*	de*m*selb*en*	de*r*selb*en*
	Genitiv	de*s*selb*en*	de*s*selb*en*	de*r*selb*en*
Plural	Nominativ	d*ie*selb*en*		
	Akkusativ	d*ie*selb*en*		
	Dativ	de*n*selb*en*		
	Genitiv	de*r*selb*en*		

1. *Wir sind neulich mit demselben Zug wie heute gefahren.*
2. *Hat Sie gestern eine andere Verkäuferin bedient? – Nein, es war dieselbe wie heute.*

derjenige

Das Demonstrativpronomen *derjenige* weist auf einen folgenden Relativsatz hin, der die Person oder Sache charakterisiert.

1. als Attribut

		maskulin	*neutral*	*feminin*
Singular	Nominativ	de*r*jenig*e* Mann	d*as*jenig*e* Kind	d*ie*jenig*e* Frau
	Akkusativ	de*n*jenig*en* Mann	d*as*jenig*e* Kind	d*ie*jenig*e* Frau
	Dativ	de*m*jenig*en* Mann	de*m*jenig*en* Kind	de*r*jenig*en* Frau
	Genitiv	de*s*jenig*en* Mannes	de*s*jenig*en* Kindes	de*r*jenig*en* Frau

Plural	Nominativ	d*ie*jenig*en* Leute
	Akkusativ	d*ie*jenig*en* Leute
	Dativ	d*en*jenig*en* Leuten
	Genitiv	d*er*jenig*en* Leute

2. als Satzglied

		maskulin	*neutral*	*feminin*
Singular	Nominativ	d*er*jenige	d*as*jenige	d*ie*jenige
	Akkusativ	d*en*jenig*en*	d*as*jenige	d*ie*jenige
	Dativ	d*em*jenig*en*	d*em*jenig*en*	d*er*jenig*en*
	Genitiv	d*es*jenig*en*	d*es*jenig*en*	d*er*jenig*en*
Plural	Nominativ	d*ie*jenig*en*		
	Akkusativ	d*ie*jenig*en*		
	Dativ	d*en*jenig*en*		
	Genitiv	d*er*jenig*en*		

1. *Geben Sie den Auftrag derjenigen Firma, die das günstigste Angebot macht.*
2. *Wir helfen denjenigen, die der Hilfe bedürfen.*

Relativpronomen

..., der (welcher) ...

Das Relativpronomen *der* leitet Attributsätze (Relativsätze) ein, die sich auf vorher genannte Personen, Sachen, Begriffe und Sachverhalte beziehen.

1.

		maskulin	*neutral*	*feminin*
Singular	Nominativ	..., *der* ...	..., *das* ...	..., *die* ...
	Akkusativ	..., *den* ...	..., *das* ...	..., *die* ...
	Dativ	..., *dem* ...	..., *dem* ...	..., *der* ...
	Genitiv	..., *dessen* ...	..., *dessen* ...	..., *deren* ...
Plural	Nominativ	..., *die* ...		
	Akkusativ	..., *die* ...		
	Dativ	..., *denen* ...		
	Genitiv	..., *deren* ...		

2.

Das Relativpronomen *welcher* gebraucht man im allgemeinen nur noch, um eine Häufung gleichlautender Pronomen zu vermeiden.

		maskulin	*neutral*	*feminin*
Singular	Nominativ	. . ., welch*er* . . .	. . ., welch*es* . . .	. . ., welch*e* . . .
	Akkusativ	. . ., welch*en* . . .	. . ., welch*es* . . .	. . ., welch*e* . . .
	Dativ	. . ., welch*em* . . .	. . ., welch*em* . . .	. . ., welch*er* . . .
	Genitiv	. . ., (dessen) . . .	. . ., (dessen) . . .	. . ., (deren) . . .
Plural	Nominativ	. . ., welch*e* . . .		
	Akkusativ	. . ., welch*e* . . .		
	Dativ	. . ., welch*en* . . .		
	Genitiv	. . ., (deren) . . .		

1. *Endlich ist das Projekt, das seit langer Zeit vorbereitet wurde, in Angriff genommen worden.*
2. *Wenden Sie sich an die, welche die Schwierigkeiten verursacht haben!*

wer . . .; was . . .

Das Relativpronomen *wer* bezieht sich auf nicht näher bezeichnete Personen; *was* bezieht sich auf unbestimmte Sachen, Begriffe oder Sachverhalte.

1. Nominativ	W*er* . . . . ., (der) den dem dessen . . .
Akkusativ	W*en* . . . . ., der (den) dem dessen . . .
Dativ	W*em* . . . . ., der den (dem) dessen . . .
Genitiv	W*essen* . . ., der den dem dessen . . .
2. Nominativ	W*as* . . . . ., (das) . . .
Akkusativ	W*as* . . . . ., (das) . . .
Dativ	–
Genitiv	–

1. *Wer über gewisse Dinge den Verstand nicht verliert, der hat keinen zu verlieren. (Lessing)*
2. *Was die wahre Freiheit und den wahren Gebrauch derselben am deutlichsten charakterisiert, ist der Mißbrauch derselben. (Lichtenberg)*
   Er hat alles vergessen, was er in der Kindheit erlebt hat.

Possessivpronomen

Possessivpronomen bezeichnen die Zugehörigkeit, den Besitz oder das Verfügungsrecht.

1. als Attribut

	maskulin	*neutral*	*feminin*
1. Person	mein Sohn	mein Kind	meine Tochter
2. Person	dein Sohn	dein Kind	deine Tochter
	(Ihr Sohn)	(Ihr Kind)	(Ihre Tochter)
3. Person maskulin/neutral	sein Sohn	sein Kind	seine Tochter
feminin	ihr Sohn	ihr Kind	ihre Tochter
1. Person	unser Sohn	unser Kind	unsere Tochter
2. Person	euer Sohn	euer Kind	eure Tochter
	(Ihr Sohn)	(Ihr Kind)	(Ihre Tochter)
3. Person	ihr Sohn	ihr Kind	ihre Tochter
1. Person	meine Söhne, Kinder, Töchter		
2. Person	deine Söhne, Kinder, Töchter		
	(Ihre Söhne, Kinder, Töchter)		
3. Person	seine Söhne, Kinder, Töchter		
	ihre Söhne, Kinder, Töchter		
1. Person	unsere Söhne, Kinder, Töchter		
2. Person	eure Söhne, Kinder, Töchter		
	(Ihre Söhne, Kinder, Töchter)		
3. Person	ihre Söhne, Kinder, Töchter		

Deklination

		maskulin	*neutral*	*feminin*
Singular	Nominativ	mein Sohn	mein Kind	mein*e* Tochter
	Akkusativ	mein*en* Sohn	mein Kind	mein*e* Tochter
	Dativ	mein*em* Sohn	mein*em* Kind	mein*er* Tochter
	Genitiv	mein*es* Sohnes	mein*es* Kindes	mein*er* Tochter
Plural	Nominativ	mein*e* Söhne, Kinder, Töchter		
	Akkusativ	mein*e* Söhne, Kinder, Töchter		
	Dativ	mein*en* Söhnen, Kindern, Töchtern		
	Genitiv	mein*er* Söhne, Kinder, Töchter		

2. als Satzglied

	maskulin	*neutral*	*feminin*
1. Person	mein*er*	mein(*e*)*s*	mein*e*
2. Person	dein*er*	dein(*e*)*s*	dein*e*
	(Ihr*er*)	(Ihr*es*)	(Ihr*e*)
3. Person	sein*er*	sein(*e*)*s*	sein*e*
	ihr*er*	ihr*es*	ihr*e*
1. Person	uns(e)r*er*	uns(e)r*es*	uns(e)r*e*
2. Person	eur*er*	eur*es*	eur*e*
	(Ihr*er*)	(Ihr*es*)	(Ihr*e*)
3. Person	ihr*er*	ihr*es*	ihr*e*

Deklination

		maskulin	*neutral*	*feminin*
Singular	Nominativ	mein*er*	mein(*e*)*s*	mein*e*
	Akkusativ	mein*en*	mein(*e*)*s*	mein*e*
	Dativ	mein*em*	mein*em*	mein*er*
	Genitiv	–	–	–
Plural	Nominativ	mein*e*		
	Akkusativ	mein*e*		
	Dativ	mein*en*		
	Genitiv	–		

1. *Gestern bin ich deinem Sohn begegnet.*
2. *Mein Kugelschreiber schreibt nicht mehr. – Nehmen Sie meinen. – Ihrer schreibt tadellos.*

Unbestimmte Pronomen

all-

Das unbestimmte Pronomen *all-* bezeichnet die Gesamtheit von Personen oder Sachen.

1. als Attribut

		mit einem weiteren Attribut
Nominativ	all*e* Leute	all*e* gut*en* Leute
Akkusativ	all*e* Leute	all*e* gut*en* Leute
Dativ	all*en* Leuten	all*en* gut*en* Leuten
Genitiv	all*er* Leute	all*er* gut*en* Leute

2. als Satzglied

Nominativ	all*e*
Akkusativ	all*e*
Dativ	all*en*
Genitiv	all*er*

1. *Am morgigen Feiertag haben alle Schulen geschlossen.*
   Wir versenden unsere Prospekte an alle alten Kunden.
2. *Ich empfehle allen, die sich einen Fotoapparat kaufen wollen, sich von einem Fachmann beraten zu lassen.*

alles

		mit Attribut
Nominativ	all*es*	all*es* Wichtig*e*
Akkusativ	all*es*	all*es* Wichtig*e*
Dativ	all*em*	all*em* Wichtig*en*
Genitiv	–	all*es* Wichtig*en*

Der Junge hatte Hunger. Er hat alles aufgegessen.
Er erzählte einen Witz, und alles lachte.
Bitte, alles aussteigen! Hier ist Endstation.

ein bißchen

ein bißchen bezeichnet eine geringe Menge oder Anzahl; es steht auch im Sinne von *geringfügig.*

1. als Attribut

			mit einem weiteren Attribut
maskulin	Nominativ	ein bißchen Pfeffer	ein bißchen schwarz*er* Pfeffer
	Akkusativ	ein bißchen Pfeffer	ein bißchen schwarz*en* Pfeffer
	Dativ	ein bißchen Pfeffer	ein bißchen schwarz*em* Pfeffer
	Genitiv	–	–
neutral	Nominativ	ein bißchen Gewürz	ein bißchen scharf*es* Gewürz
	Akkusativ	ein bißchen Gewürz	ein bißchen scharf*es* Gewürz
	Dativ	ein bißchen Gewürz	ein bißchen scharf*em* Gewürz
	Genitiv	–	–
feminin	Nominativ	ein bißchen Milch	ein bißchen frisch*e* Milch
	Akkusativ	ein bißchen Milch	ein bißchen frisch*e* Milch
	Dativ	ein bißchen Milch	ein bißchen frisch*er* Milch
	Genitiv	–	–

2. als Satzglied

Nominativ, Akkusativ und Dativ Genitiv fehlt	ein bißchen

1. *Tun Sie noch ein bißchen Salz in die Suppe!*
   Mit ein bißchen gutem Willen kann man viel erreichen.
2. *Ich möchte jetzt ein bißchen schlafen.*
   Möchten Sie noch etwas Schlagsahne? – Ja, gern, aber geben Sie mir bitte nur ein bißchen.

ein-

		maskulin	*neutral*	*feminin*
Singular	Nominativ	ein*er*	ein(*e*)*s*	ein*e*
	Akkusativ	ein*en*	ein(*e*)*s*	ein*e*
	Dativ	ein*em*	ein*em*	ein*er*
	Genitiv	–	–	–
Plural	Nominativ	(welche)		
	Akkusativ	(welche)		
	Dativ	(welch*en*)		
	Genitiv	–		

Sind alle da? – Nein, es fehlt noch einer.
Das sind sehr schöne Äpfel. – Probieren Sie einen! Nehmen Sie sich welche! Eines ist sicher, wir bleiben nicht hier.

einig-

einig- bezeichnet eine geringe Anzahl aus einer größeren Menge oder Zahl; es steht auch im Sinne von *etwas mehr.*

1. als Attribut

		mit einem weiteren Attribut
Nominativ	einig*e* Freunde	einig*e* gut*e* Freunde
Akkusativ	einig*e* Freunde	einig*e* gut*e* Freunde
Dativ	einig*en* Freunden	einig*en* gut*en* Freunden
Genitiv	einig*er* Freunde	einig*er* gut*er* Freunde

	maskulin	*neutral*	*feminin*
Nominativ	einig*er* Mut	einig*es* Geld	einig*e* Zeit
Akkusativ	einig*en* Mut	einig*es* Geld	einig*e* Zeit
Dativ	einig*em* Mut	einig*em* Geld	einig*er* Zeit
Genitiv	–	–	–

2. als Satzglied

			mit Attribut
Nominativ	einig*e*	einig*es*	einig*es* Wichtige
Akkusativ	einig*e*	einig*es*	einig*es* Wichtige
Dativ	einig*en*	einig*em*	einig*em* Wichtig*en*
Genitiv	einig*er*	–	–

1. *Ich habe auf den Feldern einige Rehe gesehen.*
   Wir haben mit einigen ausländischen Touristen gesprochen.
   Zu einem Fallschirmabsprung gehört schon einiger Mut.
2. *Bist du zufrieden? – Nicht ganz, mit einigem bin ich unzufrieden.*
   Ich habe dir einiges Interessante zu berichten.

einzeln-

1. als Attribut

		mit einem weiteren Attribut
Nominativ	einzeln*e* Männer	einzeln*e* jung*e* Männer
Akkusativ	einzeln*e* Männer	einzeln*e* jung*e* Männer
Dativ	einzeln*en* Männern	einzeln*en* jung*en* Männern
Genitiv	einzeln*er* Männer	einzeln*er* jung*er* Männer

2. als Satzglied

Nominativ	einzeln*e*	einzeln*es*
Akkusativ	einzeln*e*	einzeln*es*
Dativ	einzeln*en*	einzeln*em*
Genitiv	einzeln*er*	–

1. *An der Unglücksstelle fand man nur noch einzelne Teile des Flugzeugmotors.*
   Aus dem Obstkorb haben wir einzelne verdorbene Früchte ausgelesen.
2. *Der Reporter befragte die Passanten auf der Straße. Einzelne verweigerten aber jede Auskunft.*

etlich-

etlich- steht etwa im Sinne von *einig-*

1. als Attribut

		mit einem weiteren Attribut
Nominativ	etlich*e* Männer	etlich*e* jung*e* Männer
Akkusativ	etlich*e* Männer	etlich*e* jung*e* Männer
Dativ	etlich*en* Männern	etlich*en* jung*en* Männern
Genitiv	etlich*er* Männer	etlich*er* jung*er* Männer

2. als Satzglied

			mit Attribut
Nominativ	etlich*e*	etlich*es*	etlich*es* Neue
Akkusativ	etlich*e*	etlich*es*	etlich*es* Neue
Dativ	etlich*en*	etlich*em*	etlich*em* Neu*en*

1. *Der Mann war etliche Monate im Gefängnis.*
   Auf unserer Seereise sind wir etlichen kleinen Fischdampfern begegnet.
2. *Hatten Sie in Ihrer Pension schon ausländische Touristen? – Im letzten Jahr haben etliche bei uns gewohnt.*
   Sie wußten etliches Interessante aus ihrem Land zu erzählen.

etwas (Kurzform: was)

		mit Attribut
Nominativ	etwas	etwas Neu*es*
Akkusativ	etwas	etwas Neu*es*
Dativ	etwas	etwas Neu*em*
Genitiv	–	–

nichts

		mit Attribut
Nominativ	nichts	nichts Neu*es*
Akkusativ	nichts	nichts Neu*es*
Dativ	nichts	nichts Neu*em*

Möchten Sie etwas zu rauchen? – Ja, danke, ich habe nichts bei mir.
Gibt es bei Ihnen zu Hause etwas Neues? – Nein, es gibt nichts Neues, es ist noch alles beim alten.

irgendwer

irgendwer bezieht sich auf eine unbestimmte, aber jede mögliche Person.

			mit Attribut
Singular	Nominativ	irgend*wer*	irgend*wer* Bekannt*es*
	Akkusativ	irgend*wen*	irgend*wen* Bekannt*es*
			irgend*wen* Bekannt*en*
	Dativ	irgend*wem*	irgend*wem* Bekannt*em*
	Genitiv	–	–
Plural	Nominativ	irgendwelch*e*	irgendwelch*e* Bekannte
	Akkusativ	irgendwelch*e*	irgendwelch*e* Bekannte
	Dativ	irgendwelch*en*	irgendwelch*en* Bekannt*en*
	Genitiv	irgendwelch*er*	irgendwelch*er* Bekannt*en*

Wer hat dich eben auf der Straße angesprochen? – Ich weiß nicht, es war irgendwer. Hast du irgendwen Bekanntes getroffen? – Sicher, irgendwelchen Bekannten begegnet man ja immer.

jed-

1. als Attribut

	maskulin	*neutral*	*feminin*
Nominativ	jed*er* Mann	jed*es* Kind	jed*e* Frau
Akkusativ	jed*en* Mann	jed*es* Kind	jed*e* Frau
Dativ	jed*em* Mann	jed*em* Kind	jed*er* Frau
Genitiv	jed*es* Mannes	jed*es* Kindes	jed*er* Frau

	mit einem weiteren Attribut		
	maskulin	*neutral*	*feminin*
Nominativ	jed*er* klug*e* Mann	jed*es* brav*e* Kind	jed*e* jung*e* Frau
Akkusativ	jed*en* klug*en* Mann	jed*es* brav*e* Kind	jed*e* jung*e* Frau
Dativ	jed*em* klug*en* Mann	jed*em* brav*en* Kind	jed*er* jung*en* Frau
Genitiv	jed*es* klug*en* Mannes	jed*es* brav*en* Kindes	jed*er* jung*en* Frau
Nominativ	ein jed*er* Mann	ein jed*es* Kind	ein*e* jed*e* Frau
Akkusativ	ein*en* jed*en* Mann	ein jed*es* Kind	ein*e* jed*e* Frau
Dativ	ein*em* jed*en* Mann	ein*em* jed*en* Kind	ein*er* jed*en* Frau
Genitiv	ein*es* jed*en* Mannes	ein*es* jed*en* Kindes	ein*er* jed*en* Frau

2. als Satzglied

	maskulin	*neutral*	*feminin*
Nominativ	jed*er*	jed*es*	jed*e*
Akkusativ	jed*en*	jed*es*	jed*e*
Dativ	jed*em*	jed*em*	jed*er*
Genitiv	–	–	–

	mit Attribut		
	maskulin	*neutral*	*feminin*
Nominativ	jed*er* einzeln*e*	jed*es* einzeln*e*	jed*e* einzeln*e*
Akkusativ	jed*en* einzeln*en*	jed*es* einzeln*e*	jed*e* einzeln*e*
Dativ	jed*em* einzeln*en*	jed*em* einzeln*en*	jed*er* einzeln*en*
Genitiv	–	–	–
Nominativ	ein jed*er* einzeln*e*	ein jed*es* einzeln*e*	ein*e* jed*e* einzeln*e*
Akkusativ	ein*en* jed*en* einzeln*en*	ein jed*es* einzeln*e*	ein*e* jed*e* einzeln*e*
Dativ	ein*em* jed*en* einzeln*en*	ein*em* jed*en* einzeln*en*	ein*er* jed*en* einzeln*en*
Genitiv	ein*es* jed*en* einzeln*en*	ein*es* jed*en* einzeln*en*	ein*er* jed*en* einzeln*en*

1. *Er bringt jeden Tag die Zeitungen ins Haus und grüßt einen jeden Hausbewohner sehr freundlich.*
   Wir kennen uns in jedem westeuropäischen Land gut aus.
2. *Uns kennt hier jeder. Wir sind mit jedem einzelnen in diesem Haus gut bekannt.*

jedermann

jedermann bezeichnet jede beliebige Person

Nominativ	jedermann
Akkusativ	jedermann
Dativ	jedermann
Genitiv	jedermanns

Das kleine Mädchen ist zu jedermann zutraulich.
Moderne Musik ist nicht jedermanns Sache.

jemand

		mit Attribut
Nominativ	jemand	jemand Bekannt*es*, jemand Bekannt*er*
Akkusativ	jemand(*en*)	jemand Bekannt*es*, jemand Bekannt*en*
Dativ	jemand(*em*)	jemand Bekannt*em*
Genitiv	jemand*s*	–

niemand

		mit Attribut
Nominativ	niemand	niemand Bekannt*es*, niemand Bekannt*er*
Akkusativ	niemand(*en*)	niemand Bekannt*es*, niemand Bekannt*en*
Dativ	niemand(*em*)	niemand Bekannt*em*
Genitiv	niemand*s*	–

Hat jemand nach mir gefragt? – Nein, es war niemand hier.
Sprich mit niemandem über unsere Angelegenheit!
Mit wem hast du eben gesprochen, mit jemand Bekanntem? – Es war niemand Bekanntes.

kein-

		maskulin	*neutral*	*feminin*
Singular	Nominativ	kein*er*	kein(*e*)*s*	kein*e*
	Akkusativ	kein*en*	kein(*e*)*s*	kein*e*
	Dativ	kein*em*	kein*em*	kein*er*
	Genitiv	–	–	–
Plural	Nominativ	kein*e*		
	Akkusativ	kein*e*		
	Dativ	–		
	Genitiv	–		

Liegt dort ein Kugelschreiber? – Nein, hier liegt keiner.
Gibt es Theater in eurer Stadt? – Nein, es gibt keine.

man

man kann sich auf eine unbekannte Person beziehen *(jemand)*, sowie auf eine bestimmte Gruppe in ihrer Gesamtheit.

Nominativ	man
Akkusativ	(einen)
Dativ	(einem)
Genitiv	–

Man hat der Frau die Tasche gestohlen. Den Verletzten transportiert man sofort ins Krankenhaus.
In diesem Land ißt man viel Kartoffeln.
Deine Tochter ist sehr verträumt. Sie erkennt einen auf der Straße nicht.

manch-

1. als Attribut

		maskulin	*neutral*	*feminin*
Singular	Nominativ	manch*er* Mann	manch*es* Kind	manch*e* Frau
	Akkusativ	manch*en* Mann	manch*es* Kind	manch*e* Frau
	Dativ	manch*em* Mann	manch*em* Kind	manch*er* Frau
	Genitiv	manch*en* Mannes manch*es* Herrn	manch*en* Kindes	manch*er* Frau
Plural	Nominativ	manch*e* Leute		
	Akkusativ	manch*e* Leute		
	Dativ	manch*en* Leute*n*		
	Genitiv	manch*er* Leute		

		mit einem weiteren Attribut		
		maskulin	*neutral*	*feminin*
Singular	Nominativ	manch*er* kluge Mann	manch*es* gute Kind	manch*e* junge Frau
	Akkusativ	manch*en* klug*en* Mann	manch*es* gute Kind	manch*e* junge Frau
	Dativ	manch*em* klug*en* Mann	manch*em* gut*en* Kind	manch*er* jung*en* Frau
	Genitiv	manch*es* klug*en* Mannes	manch*es* gut*en* Kindes	manch*er* jung*en* Frau
Plural	Nominativ	manch*e* reich*en* Leute	manch*e* reich*e* Leute	
	Akkusativ	manch*e* reich*en* Leute	manch*e* reich*e* Leute	
	Dativ	manch*en* reich*en* Leute*n*	manch*en* reich*en* Leute*n*	
	Genitiv	manch*er* reich*en* Leute	manch*er* reich*er* Leute	

		maskulin	*neutral*	*feminin*
Singular	Nominativ	manch kluge*r* Mann	manch gute*s* Kind	manch junge Frau
	Akkusativ	manch kluge*n* Mann	manch gute*s* Kind	manch junge Frau
	Dativ	manch kluge*m* Mann	manch gute*m* Kind	manch junge*r* Frau
	Genitiv	manch kluge*n* Mannes	manch gute*n* Kindes	manch junge*r* Frau

Plural	Nominativ	manch reich*e* Leute
	Akkusativ	manch reich*e* Leute
	Dativ	manch reich*en* Leut*en*
	Genitiv	manch reich*er* Leute

	maskulin	*neutral*	*feminin*
Nominativ	manch ein klug*er* Mann	manch ein gut*es* Kind	manch ein*e* junge Frau
Akkusativ	manch ein*en* klug*en* Mann	manch ein gut*es* Kind	manch ein*e* junge Frau
Dativ	manch ein*em* klug*en* Mann	manch ein*em* gut*en* Kind	manch ein*er* jung*en* Frau
Genitiv	manch ein*es* klug*en* Mannes	manch ein*es* gut*en* Kindes	manch ein*er* jung*en* Frau

2. als Satzglied

		maskulin	*neutral*	*feminin*
Singular	Nominativ	manch*er*	manch*es*	manch*e*
	Akkusativ	manch*en*	manch*es*	manch*e*
	Dativ	manch*em*	manch*em*	manch*er*
	Genitiv	–	–	–
Plural	Nominativ	manch*e*		
	Akkusativ	manch*e*		
	Dativ	manch*en*		
	Genitiv	–		

	mit Attribut			
	maskulin	*neutral*	*feminin*	*neutral*
Nominativ	manch ein*er*	manch ein(*e*)*s*	manch ein*e*	manch*es* Neue
Akkusativ	manch ein*en*	manch ein(*e*)*s*	manch ein*e*	manch*es* Neue
Dativ	manch ein*em*	manch ein*em*	manch ein*er*	manch*em* Neue*n*
Genitiv	–	–	–	–

1. *Bei unserem Aufstieg zum Berggipfel hatten wir manche Schwierigkeiten zu überwinden. An diesem Berg ist schon mancher erfahrene Bergsteiger abgestürzt.*
   Er hat in den Jahren schon manch kostbares Kunstwerk erworben.
   Wenn mancher Mann wüßte, wer mancher Mann wär',
   Gäb' mancher Mann manchem Mann manchmal mehr Ehr'. (Sprichwort)
2. *Manch einer wäre glücklich, wenn er dein Geld hätte.*
   Wer vieles bringt, wird manchem etwas bringen. (Goethe)

mehrer-

1. als Attribut

		mit einem weiteren Attribut
Nominativ	mehrer*e* Jungen	mehrer*e* frech*e* Jungen
Akkusativ	mehrer*e* Jungen	mehrer*e* frech*e* Jungen
Dativ	mehrer*en* Jungen	mehrer*en* frech*en* Jungen
Genitiv	mehrer*er* Jungen	mehrer*er* frech*er* Jungen

2. als Satzglied

Nominativ	mehrer*e*
Akkusativ	mehrer*e*
Dativ	mehrer*en*
Genitiv	mehrer*er*

1. *Letzten Winter hat es mehrere schwere Skiunfälle gegeben.*
2. *Wart ihr beide allein am See? – Nein, wir sind zu mehreren zum Baden gefahren.*

sämtlich-

als Attribut

		mit einem weiteren Attribut
Nominativ	sämtlich*e* Bücher	sämtlich*e* billig*en* Bücher
Akkusativ	sämtlich*e* Bücher	sämtlich*e* billig*en* Bücher
Dativ	sämtlich*en* Büchern	sämtlich*en* billig*en* Büchern
Genitiv	sämtlich*er* Bücher	sämtlich*er* billig*en* Bücher
Nominativ	die sämtlich*en* Bücher	die sämtlich*en* billig*en* Bücher
Akkusativ	die sämtlich*en* Bücher	die sämtlich*en* billig*en* Bücher
Dativ	den sämtlich*en* Büchern	den sämtlich*en* billig*en* Büchern
Genitiv	der sämtlich*en* Bücher	der sämtlich*en* billig*en* Bücher

Sind das sämtliche Bilder, die du gemalt hast? – Ja, ich habe dir meine sämtlichen Bilder gezeigt.
Er hat sämtliche wertvollen Briefmarken verkauft.

solch-

1. als Attribut

		maskulin	*neutral*	*feminin*
Singular	Nominativ	solch*er* Mann	solch*es* Kind	solch*e* Frau
	Akkusativ	solch*en* Mann	solch*es* Kind	solch*e* Frau
	Dativ	solch*em* Mann	solch*em* Kind	solch*er* Frau
	Genitiv	solch*en* Mannes solch*es* Herrn	solch*es* Kindes	solch*er* Frau
Plural	Nominativ	solch*e* Leute		
	Akkusativ	solch*e* Leute		
	Dativ	solch*en* Leuten		
	Genitiv	solch*er* Leute		

		mit einem weiteren Attribut		
		maskulin	*neutral*	*feminin*
Sing.	Nom.	solch*er* kluge Mann	solch*es* gute Kind	solch*e* junge Frau
	Akk.	solch*en* klug*en* Mann	solch*es* gute Kind	solch*e* junge Frau
	Dativ	solch*em* klug*en* Mann	solch*em* gut*en* Kind	solch*er* jung*en* Frau
	Genitiv	solch*es* klug*en* Mannes	solch*es* gut*en* Kindes	solch*er* jung*en* Frau
Plur.	Nom.	solch*e* reich*en* Leute	solch*e* reich*e* Leute	
	Akk.	solch*e* reich*en* Leute	solch*e* reich*e* Leute	
	Dativ	solch*en* reich*en* Leuten	solch*en* reich*en* Leuten	
	Genitiv	solch*er* reich*en* Leute	solch*er* reich*er* Leute	

		maskulin	*neutral*	*feminin*
Sing.	Nom.	solch klug*er* Mann	solch gut*es* Kind	solch jung*e* Frau
	Akk.	solch klug*en* Mann	solch gut*es* Kind	solch jung*e* Frau
	Dativ	solch klug*em* Mann	solch gut*em* Kind	solch jung*er* Frau
	Genitiv	solch klug*en* Mannes	solch gut*en* Kindes	solch jung*er* Frau
Plur.	Nom.	solch reich*e* Leute		
	Akk.	solch reich*e* Leute		
	Dativ	solch reich*en* Leuten		
	Genitiv	solch reich*er* Leute		

Sing.	*maskulin*	*neutral*	*feminin*
Nom.	solch ein kluger Mann	solch ein gutes Kind	solch eine junge Frau
Akk.	solch einen klugen Mann	solch ein gutes Kind	solch eine junge Frau
Dat.	solch einem klugen Mann	solch einem guten Kind	solch einer jungen Frau
Gen.	solch eines klugen Mannes	solch eines guten Kindes	solch einer jungen Frau

2. als Satzglied

		maskulin	*neutral*	*feminin*
Singular	Nominativ	solcher	solches	solche
	Akkusativ	solchen	solches	solche
	Dativ	solchem	solchem	solcher
	Genitiv	–	–	–
Plural	Nominativ	solche		
	Akkusativ	solche		
	Dativ	solchen		
	Genitiv	–		

		mit Attribut		
		maskulin	*neutral*	*feminin*
Singular	Nominativ	solch einer	solch ein(e)s	solch eine
	Akkusativ	solch einen	solch ein(e)s	solch eine
	Dativ	solch einem	solch einem	solch einer
	Genitiv	–	–	–

1. *Bei solchem Wetter kann man nicht im Garten arbeiten. Solche großen Rosen habe ich noch nicht gesehen. Hast du schon einmal in solch vornehmem Haus gewohnt? Solch einem tüchtigen Arbeiter sollte man eine Prämie zahlen.*
2. *Siehst du dort die Ponys? Solche gibt es auch bei uns auf dem Land. Solch einer wie du sollte bescheidener sein.*

viel-

1. als Attribut

		mit einem weiteren Attribut
Nominativ	viele Freunde	viele gute Freunde
Akkusativ	viele Freunde	viele gute Freunde
Dativ	vielen Freunden	vielen guten Freunden
Genitiv	vieler Freunde	vieler guter Freunde

	maskulin	*neutral*	*feminin*
Nominativ	viel Mut	viel Geld	viel Zeit
Akkusativ	viel Mut	viel Geld	viel Zeit
Dativ	viel Mut	viel Geld	viel Zeit
Genitiv	–	–	–

		mit einem weiteren Attribut
Nominativ	die viel*en* Freunde	die viel*en* gut*en* Freunde
Akkusativ	die viel*en* Freunde	die viel*en* gut*en* Freunde
Dativ	den viel*en* Freunden	den viel*en* gut*en* Freunden
Genitiv	der viel*en* Freunde	der viel*en* gut*en* Freunde

	maskulin	*neutral*	*feminin*
Nominativ	der viel*e* Mut	das viel*e* Geld	die viel*e* Zeit
Akkusativ	den viel*en* Mut	das viel*e* Geld	die viel*e* Zeit
Dativ	dem viel*en* Mut	dem viel*en* Geld	der viel*en* Zeit
Genitiv	des viel*en* Mutes	des viel*en* Geldes	der viel*en* Zeit

2. als Satzglied

			mit Attribut	
Nominativ	viel*e*	viel*es*	viel Gut*es*	viel*es* Gute
Akkusativ	viel*e*	viel*es*	viel Gut*es*	viel*es* Gute
Dativ	viel*en*	viel*em*	viel Gut*em*	viel*em* Gut*en*
Genitiv	viel*er*	–	–	–
Nominativ	die viel*en*	das viel*e*	das viel*e* Gute	
Akkusativ	die viel*en*	das viel*e*	das viel*e* Gute	
Dativ	den viel*en*	dem viel*en*	dem viel*en* Gut*en*	
Genitiv	der viel*en*	des viel*en*	des viel*en* Gut*en*	

1. *Er hat viele wertvolle Briefmarken. Was macht er mit den vielen wertvollen Briefmarken? Er kann dafür viel Geld bekommen.*
   Die viele Arbeit, die wir zu machen hatten, war vergebens.
2. *Mich haben schon viele enttäuscht. Vieles, was wir erlebt haben, war erfreulich. Er ist in seinem Leben vielem Interessanten begegnet.*

wenig-

1. als Attribut

		mit einem weiteren Attribut
Nominativ	wenig*e* Bücher	wenig*e* gut*e* Bücher
Akkusativ	wenig*e* Bücher	wenig*e* gut*e* Bücher
Dativ	wenig*en* Büchern	wenig*en* gut*en* Büchern
Genitiv	wenig*er* Bücher	wenig*er* gut*er* Bücher

	maskulin	*neutral*	*feminin*
Nominativ	wenig Schnee	wenig Geld	wenig Milch
Akkusativ	wenig Schnee	wenig Geld	wenig Milch
Dativ	wenig Schnee	wenig Geld	wenig Milch
Genitiv	–	–	–

		mit einem weiteren Attribut
Nominativ	die wenig*en* Bücher	die wenig*en* gut*en* Bücher
Akkusativ	die wenig*en* Bücher	die wenig*en* gut*en* Bücher
Dativ	den wenig*en* Büchern	den wenig*en* gut*en* Büchern
Genitiv	der wenig*en* Bücher	der wenig*en* gut*en* Bücher

	maskulin	*neutral*	*feminin*
Nominativ	der wenig*e* Schnee	das wenig*e* Geld	die wenig*e* Milch
Akkusativ	den wenig*en* Schnee	das wenig*e* Geld	die wenig*e* Milch
Dativ	dem wenig*en* Schnee	dem wenig*en* Geld	der wenig*en* Milch
Genitiv	–	–	–

2. als Satzglied

			mit Attribut	
Nominativ	wenig*e*	wenig*es*	wenig Gut*es*	
Akkusativ	wenig*e*	wenig*es*	wenig Gut*es*	
Dativ	wenig*en*	wenig*em*	wenig Gut*em*	
Genitiv	wenig*er*	–	–	
Nominativ	die wenig*en*	das wenig*e*	das wenig Gut*e*	das wenig*e* Gut*e*
Akkusativ	die wenig*en*	das wenig*e*	das wenig Gut*e*	das wenig*e* Gut*e*
Dativ	den wenig*en*	dem wenig*en*	dem wenig Gut*en*	dem wenig*en* Gut*en*
Genitiv	der wenig*en*	des wenig*en*	des wenig Gut*en*	des wenig*en* Gut*en*

1. *Es ist besser, man hat wenige gute Bücher als viele schlechte.*
   Heute nacht ist nur wenig Schnee gefallen.
2. *Er hat von dir nur wenig Gutes erzählt.*
   Mit dem wenigen, was er verdient, kann er seine Familie nicht ernähren.

Das Adverb

Adverbien bezeichnen Orts- und Zeitbezüge *(hier, jetzt)* sowie den Grad *(sehr)* und vieles andere. Ebenso signalisieren sie die Ansicht des Sprechers *(sicher, vielleicht).*

Lokaladverbien

ab	An deinem Mantel ist ein Knopf ab.
abwärts	Die Straße führt abwärts ins Tal.
allenthalben	Im Mai blühen allenthalben die Bäume.
anderswo	Meine Brille ist nicht hier. Sie muß anderswo liegen.
anderswoher	Kommt der Mann aus Köln? Nein, er muß von anderswoher kommen.
anderswohin	Fahrt ihr wieder in die Berge? Nein, anderswohin.
aufwärts	Wir müssen warten. Der Fahrstuhl geht jetzt gerade aufwärts.
außen	Die Mauer soll außen weiß gestrichen werden.
da	Ist Herr Müller da? Ja. Da liegt ein Buch.
daheim	Morgen um diese Zeit sind wir wieder daheim.
daher	Wir kaufen alles im Kaufhaus. Auch unsere Möbel haben wir von daher.
dahin	Wir fahren nach Paris. Fahrt ihr auch dahin?
daneben	Hier ist der Sessel. Daneben steht eine Lampe.
darüber, darunter dazwischen	Dort ist die Couch. Darüber hängt ein Bild.
dort	Ist Peter jetzt in der Fabrik? Ja, er arbeitet dort.
dorther	Siehst du dort die Molkerei? Dorther bekommen wir unsere Milch.
dorthin	Kennst du Sydney? Ich möchte gern einmal dorthin reisen.
drin (darin)	Wieviel Milch ist in der Kanne? Es sind ungefähr zwei Liter drin.
draußen	Schau mal aus dem Fenster, wie es draußen regnet.
drinnen	Draußen ist es kalt, aber drinnen im Haus ist es warm.
droben	Droben auf dem Berg steht ein Kreuz.
drüben	Waren Sie lange in Amerika? Ich war etwa zwei Jahre drüben.
drunten	Die Mühle steht drunten im Tal.
fort	Wo ist Karl? Er ist fort.
herab	Komm von der Leiter herab!
herauf	Er kommt zu uns herauf.
herüber	Kommt auf diese Straßenseite herüber!
herunter	Peter kommt vom Baum herunter.
hier	Gibt es hier in dieser Stadt ein Theater?
hierher	Setz dich hierher zu mir.
hierhin	Stell die Tasche hierhin.
hinab	Sie geht die Treppe hinab.
hinauf	Wir steigen bis zum Gipfel hinauf.
hinaus	Er geht in den Garten hinaus.
hinein	Gehen Sie schon hinein! Ich komme gleich.

hinten	Siehst du dort hinten die Kinder?
hinüber	Fritz steht auf der anderen Straßenseite. Hans geht zu ihm hinüber.
hinunter	Fall nur nicht die Treppe hinunter!
hüben	Der Fährmann bringt die Leute von hüben nach drüben.
innen	Die Tasche ist innen mit Seide gefüttert.
irgendwo	Hast du meine Brille gesehen? Ich habe sie irgendwo liegen lassen.
irgendwoher	Von wem hast du das Geld? Du mußt es doch irgendwoher haben.
irgendwohin	Wohin fährt Hans? Ich weiß es nicht. Irgendwohin jedenfalls.
links	Links von dir liegt mein Buch.
nirgends	Wo ist nur mein Portemonnaie? Ich habe es nirgends gefunden.
nirgendwo	Nirgendwo gibt es so viele Hasen wie in dieser Gegend.
nirgendwoher	Woher habt ihr die schönen Äpfel? Nirgendwoher.
nirgendwohin	Fahren Sie heute fort? Nein, bei diesem Wetter fahre ich nirgendwohin.
oben	Ist mein Koffer hier? Ja, er liegt oben auf dem Schrank.
rechts	Rechts neben dem Hotel ist das Reisebüro.
rückwärts	Fahren Sie bitte rückwärts in die Garage!
seitwärts	Er fuhr von der Straße hinunter seitwärts in den Wald hinein.
überall	Ich habe meine Brille überall gesucht, aber nirgends gefunden.
überallher	Sportler kamen von überallher in unsere Stadt.
überallhin	Im Sommer fahren Touristen überallhin, wo es schön ist.
unten	Unsere Heizungsanlage ist unten im Keller.
vorn	Das Geld liegt vorn in der Schublade.
vorwärts	Machen Sie drei Schritte vorwärts!
weg	Das Geld ist weg. Jemand muß es gestohlen haben.
woanders	In diesem Jahr wollen wir unseren Urlaub woanders verbringen, nicht wieder in den Bergen.
woandersher	Er kommt nicht aus Berlin, sondern woandersher.
woandershin	Am Sonntag fahren wir nicht nach Köln, sondern woandershin.

Temporaladverbien

abends	Die Läden schließen abends um 19 Uhr.
abermals	Neulich habe ich dir schon Geld geliehen. Heute kommst du abermals und bittest um Geld.
von alters her	Das Fest wird von alters her in dieser Gegend gefeiert.
anfangs	Anfangs war der kleine Junge sehr schüchtern.
augenblicklich	Er hat augenblicklich sehr viel zu tun.
bald	Noch liegt überall Schnee, aber bald werden die ersten Frühlingsblumen zu sehen sein.
bereits	Schließen Sie bitte die Haustür ab. Ich habe sie bereits abgeschlossen.
bis dahin	In wenigen Tagen ist mein Urlaub zu Ende. Bis dahin werde ich mir aber noch ein paar schöne Tage machen.
bis jetzt	Ich warte auf eine Nachricht von der Firma. Bis jetzt hat sie noch nichts von sich hören lassen.
bisher	Jetzt ist er Kassierer an seiner Bank. Bisher war er in der Devisenabteilung tätig.
bisweilen	An der Nordseeküste kann es auch im Hochsommer bisweilen recht kühl sein.

da	Wir hatten uns gerade zu Tisch gesetzt, da ging plötzlich das Licht aus.
damals	Er wurde 1921 geboren. Seine Eltern wohnten damals in Berlin.
dann	Zuerst war er Koch in einem Hotel, dann wurde er Schiffskoch.
dann und wann	Er hat in seinem Geschäft sehr viel zu tun. Glücklicherweise hilft ihm dann und wann sein Bruder im Laden aus.
danach	Wir gingen zusammen ins Theater. Danach saßen wir noch ein wenig in einer nahegelegenen Weinstube gemütlich beisammen.
darauf	Der Fahrdienstleiter gab das Abfahrtssignal. Darauf setzte sich der Zug sofort in Bewegung.
eben	Läuft das Fernsehprogramm schon lange? Nein, es hat eben begonnen.
ehemals	Das ist Herr Groß, ehemals Vorsitzender des Sportvereins.
einst	Einst lebte in einem fernen Land eine schöne Königstochter.
einstmals	Diese Ruine war einstmals eine Ritterburg.
einstweilen	Der Herr Direktor kommt gleich. Nehmen Sie einstweilen hier Platz!
endlich	Nach einem vielstündigen Marsch langten wir endlich in einem kleinen Dorf an.
erst	Erst sagst du, daß du Durst hast, und dann trinkst du nichts von dem, was wir dir angeboten haben.
früh	Morgen müssen wir früh aufstehen.
gerade	Wo ist Fritz? Dort kommt er gerade.
gestern	Gestern war ein Feiertag.
gewöhnlich	Wann kommt er? Gewöhnlich kommt er gegen 8 Uhr.
gleich	Herr Ober! – Ich komme gleich, mein Herr.
häufig	Hans war im letzten Jahr häufig krank.
hernach	Wir wollen sofort essen. Hernach können wir noch ein wenig spazierengehen.
heute (heute morgen, heute mittag, heute abend, heute nacht)	Heute ist der 12. Juni. Heute abend findet im Kursaal ein Konzert statt.
immer	Du kommst immer pünktlich ins Büro.
auf immer	Er hat uns auf immer verlassen.
für immer	Bleibst du für immer bei uns?
immerfort	Warum muß der Junge immerfort lügen?
immerzu	Im Käfig ging der Tiger immerzu vor dem Gitter auf und ab.
inzwischen	Du kommst zu spät. Wir sind mit der Arbeit inzwischen fertig geworden.
kürzlich	Kürzlich hat uns Onkel Otto besucht.
jährlich	Sein Einkommen beträgt jährlich mehr als hunderttausend Mark.
je, jemals	Sind Sie jemals in Japan gewesen?
jetzt	Wieviel Uhr ist es jetzt?
jüngst	Er hat jüngst die Tochter seines Chefs geheiratet.
künftig	Er wird künftig die Leitung der Fabrik innehaben.
künftighin	Wollen Sie mir künftighin regelmäßig die wichtigsten Informationen zukommen lassen?
lange	Du hast dich lange in München aufgehalten.
manchmal	Im Fernsehen werden manchmal ganz ausgezeichnete Theaterstücke gezeigt.
meistens	In den klaren Winternächten sinkt die Temperatur meistens weit unter null Grad.
mitunter	Wir haben mitunter starke Zweifel, ob der Abgeordnete wirklich immer unsere Interessen vertritt.

morgen (morgen früh, morgen mittag, morgen abend)	Morgen ist Sonntag. Wir werden morgen früh um 7 Uhr aufstehen und zum Baden an den See fahren.
nachher	Der Direktor diktiert gerade Briefe. Nachher muß er zu einer Besprechung.
nächstens	Im Kino bringen sie nächstens einen spannenden Krimi(nalfilm).
nachts	Das Schloß wird nachts durch Scheinwerfer angestrahlt.
neulich	Warum seid ihr neulich nicht zu uns gekommen? Wir haben auf euch gewartet.
nie	Der Junge war noch nie im Ausland.
niemals	Die schöne Urlaubsreise werde ich niemals vergessen.
nimmer	Der Alte wird seine Heimat nimmer wiedersehen.
noch	Warum sind Sie noch hier? Es ist doch schon längst Büroschluß.
nochmals	Ich erinnere dich nochmals an dein Versprechen.
nun	Alle Vorbereitungen sind abgeschlossen. Nun können wir mit der Arbeit beginnen.
oft	Im Winter schneit es in unserer Gegend oft.
öfters	Wir gehen öfters ins Theater.
oftmals	Wir haben oftmals versucht, ihn anzutreffen, aber er war nie zu Hause.
plötzlich	Als wir über das Feld gingen, sprang plötzlich ein Hase vor uns auf und lief davon.
schon	Wann kommt Peter? Er ist schon da.
seither	Er ist letztes Jahr nach Amerika gereist. Seither haben wir nichts mehr von ihm gehört.
selten	Die alte Frau verläßt nur selten ihr Haus.
soeben	Im Rundfunk wird soeben gemeldet, daß ...
sofort	Der Patient mußte sofort operiert werden.
sogleich	Der Arzt bekam soeben einen dringenden Anruf von einem Patienten. Er ist sogleich zu ihm geeilt.
sonst	Ich verstehe nicht, warum er nicht zu Hause ist. Sonst ist er doch um diese Zeit immer da.
spät	Ich komme heute abend spät nach Hause.
später	Zuerst müssen wir unsere Schulden bezahlen. Später können wir dann neue Anschaffungen machen.
ständig	Wir haben ständig Verbindung mit überseeischen Geschäftspartnern.
stets	Er war stets hilfsbereit.
stündlich	Der Postbus verkehrt zwischen Reichenhall und Salzburg stündlich.
täglich	Die Zeitung erscheint täglich.
übermorgen	Übermorgen sind die Geschäfte den ganzen Tag geschlossen.
unlängst	Unsere Fabrik hat unlängst mit der Produktion eines neuen Artikels begonnen.
unterdessen	Unterhalte die Gäste ein wenig! Ich hole unterdessen den Wein aus dem Keller.
vorgestern	Vorgestern wurde der Ärztekongreß eröffnet.
währenddessen	Die Mutter nähte. Die Kinder machten währenddessen ihre Schularbeiten.
wöchentlich	Der Facharbeiter verdient wöchentlich 450 Mark.
zeitlebens	Der Mann hat zeitlebens schwer arbeiten müssen.
zuerst	Wenn Sie mit dem Chef sprechen wollen, melden Sie sich zuerst im Vorzimmer an.

zuletzt	Die beiden Parteien stritten sich eine Zeitlang, aber sie einigten sich zuletzt doch noch.
zuweilen	Sie leidet zuweilen an starken Kopfschmerzen.

Modaladverbien, Adverbien des Grades u. a.

allerdings	Habt ihr das Haus gekauft? Ja, wir mußten allerdings zuerst einen Kredit aufnehmen.
allzu	Sie sind allzu streng mit ihren Kindern.
also	Ihr habt also Schulden? Allerdings.
anders	Sie brauchen einen Paß. Anders können Sie nicht ins Ausland fahren.
auch	Mein Bruder hat das Sportabzeichen bekommen. Ich habe es auch schon.
ausnehmend	Diese modernen Möbel gefallen mir ausnehmend gut.
äußerst	Ich muß Sie wegen einer äußerst unangenehmen Sache sprechen.
außerordentlich	Die Leichtathleten zeigten außerordentlich gute Leistungen.
beinahe	Jetzt wärst du mit deinem Wagen beinahe von der Straße abgekommen.
beisammen	Gestern saßen wir bis in die Nacht hinein beisammen und unterhielten uns.
besonders	Das letzte Jahr war ein besonders gutes Obstjahr.
blindlings	Die Leute laufen blindlings in ihr Verderben.
bloß	Wo warst du? Ich war bloß in der Küche.
derart	Die Leute haben derart gut gearbeitet, daß sie früher Feierabend machen können.
durchaus	Waren Sie mit dem Essen zufrieden? Durchaus. Ich war durchaus zufrieden.
ebenfalls	Er muß morgen zu einer wichtigen Besprechung. Ich muß ebenfalls an dieser Besprechung teilnehmen.
ebenso	Ich war ebenso enttäuscht von der Theateraufführung wie Sie.
einigermaßen	Die politische Lage hat sich seit den letzten Ereignissen wieder einigermaßen beruhigt.
fast	Der Bergsteiger wäre fast abgestürzt. Im letzten Augenblick hat er noch einen Halt gefunden.
ferner	Das Fabrikgebäude soll instandgesetzt werden, ferner sollen einige neue Maschinen installiert werden.
freilich	Unser Fußballverein hat das letzte Spiel gewonnen, freilich hatten wir ein viel besseres Ergebnis erwartet.
ganz	Die Blätter der Bäume waren ganz von Insekten zerfressen.
gänzlich	Der Mann ist mir gänzlich unbekannt.
gar	Seid ihr gestern gar nicht aus dem Haus gewesen?
genug	Er hat genug Erfahrung, um mit den Problemen fertig zu werden.
gerade	Der Weg verläuft gerade auf den Wald zu. Ihr kommt gerade rechtzeitig zum Mittagessen.
geradeso	Du bist geradeso ungeschickt wie deine Schwester.
gern	Mein Bruder hätte von dir gern das Buch geliehen.
gewiß	Geht jetzt zu Bett. Ihr seid gewiß müde.
gewissermaßen	Er war gewissermaßen in offiziellem Auftrag im Ausland.
gleichfalls	Ich wünsche Ihnen viel Glück! Danke, gleichfalls. Ich wünsche Ihnen gleichfalls viel Glück.

gleichsam	Die Sportler sind gleichsam als Vertreter ihrer Nation zu den internationalen Wettkämpfen geschickt worden.
hauptsächlich	Er war in den lateinamerikanischen Ländern tätig, hauptsächlich aber in Brasilien.
höchst	Der Mann erscheint mir höchst verdächtig.
höchstens	Bei uns steigt die Temperatur im Sommer höchstens auf 35 Grad. Ich kann dir keine zehn Mark leihen, höchstens fünf Mark.
jedenfalls	Wenn du zu Hause bleiben willst, ist das deine Sache. Wir jedenfalls gehen aus.
kaum	Nach seinem Mißerfolg hat er kaum noch Mut, etwas zu unternehmen.
leider	Die Straße zum Bahnhof mußte leider wegen Bauarbeiten vorübergehend gesperrt werden.
natürlich	Wenn Sie dringende Fragen haben, können Sie mich natürlich anrufen.
nicht	Haben wir uns neulich nicht bei Müllers kennengelernt?
nur	Am Sonnabend sind die Geschäfte nur bis um 13 Uhr geöffnet.
recht	Wir waren doch recht überrascht, als wir dich hier antrafen.
rücklings	Der Springer ließ sich rücklings ins Wasser fallen.
schwerlich	Sie werden schwerlich in zwei Stunden bis Passau kommen, weil die Verkehrsverbindung dorthin sehr schlecht ist.
sehr	Dieses Bild ist sehr schön. Ich danke sehr für Ihre Hilfe.
sicherlich	Trink etwas! Du wirst sicherlich Durst haben.
so	Fahren Sie bitte nicht so schnell!
sogar	Er hat schon viele Reisen gemacht. Er war sogar schon in Indien.
sonst	Fahren Sie vorsichtig, sonst gibt es einen Unfall!
sozusagen	Hans ist der Erfahrenste der Wandergruppe; er ist sozusagen der Führer der Gruppe.
tatsächlich	Die Bergsteiger haben tatsächlich den gefährlichen Berg bezwungen.
teilweise	Sie haben nur teilweise recht, denn ...
überhaupt	Er hat merkwürdige Ansichten über Afrika. War er überhaupt schon einmal dort?
übrigens	Der Ingenieur hat eine leitende Stellung in der Fabrik. Er hat übrigens eine wichtige Erfindung gemacht, die ...
umsonst	Sie haben sich die Mühe umsonst gemacht. Die Angelegenheit ist bereits erledigt. Reiseprospekte gibt es umsonst.
unbedingt	Der Film ist wirklich gut. Ihr müßt ihn euch unbedingt ansehen.
ungefähr	Bei der Tagung waren ungefähr 300 Personen anwesend.
ungemein	Ihr habt ungemein Glück gehabt, daß euch nichts passiert ist.
vergebens	Ich habe vergebens auf den Bus gewartet. Er verkehrt sonntags nämlich nicht.
verhältnismäßig	Die Prüfungsaufgaben waren verhältnismäßig schwierig für die Schüler.
viel	Wenn Sie gesund bleiben wollen, müssen Sie viel spazierengehen.
vielleicht	Morgen kommen vielleicht meine Eltern zu Besuch.
vollends	Jetzt ist das Essen vollends verdorben, nachdem du so viel Salz hineingetan hast.
völlig	Nachdem er hinter dem Bus hergelaufen war, war er völlig außer Atem.
voraussichtlich	Das Gesetz wird voraussichtlich nächste Woche vom Parlament verabschiedet.
wahrhaftig	Die Wissenschaftler haben wahrhaftig eine große Leistung vollbracht.
wahrscheinlich	Die Entdeckung wird wahrscheinlich geheimgehalten.

wenig	Der Schwerverletzte atmet nur noch wenig.
wenigstens	Wenn du mir keine zehn Mark leihen kannst, kannst du mir dann wenigstens mit fünf Mark aushelfen?
wirklich	Der Fotoamateur macht wirklich gute Bilder.
wohl	Haben Sie wohl einen Augenblick Zeit für mich?
zu	Es ist zu dumm, daß ich meinen Schirm zu Hause gelassen habe!
ziemlich	Nach der langen Fahrt war ich ziemlich müde.
zusammen	Wir haben zusammen die gleiche Schule besucht.

Funktionsmerkmale und -kennzeichen

Funktionsmerkmale sind

Intonation	Bleib rúhig sitzen! Bleib ruhig sítzen!
Stellung (Wortfolge)	Hast du gesehen, wie Peter Karl geboxt hat? Hast du gesehen, wie Karl Peter geboxt hat?
Wortform	
Personalform (Prädikatsteil)	Das Kind schläft.
Partizip (Prädikatsteil, Attribut)	Er hat schlecht geschlafen. Weck die schlafenden Kinder nicht auf!
Infinitiv (Prädikatsteil)	Laß die Kinder schlafen!

Funktionskennzeichen sind

Kasusmorpheme	Er überreicht d*em* Mädchen d*ie* Blumen. Ich ziehe Kaffee d*em* Tee vor.
Präpositionen	Er kommt heute *von* München. Er stammt *aus* München.
Konjunktionen	Wir müssen hier bleiben, *wenn* wir keine Nachricht bekommen. . . ., *weil* wir keine Nachricht bekommen haben. . . ., *obwohl* wir keine Nachricht bekommen haben.
Attributmorpheme	Der jung*e* Mann fährt mit seinem neu*en* Wagen fort.

Funktionskennzeichen und Funktionsmerkmale wirken immer zusammen und ergänzen sich gegenseitig.

Kasusmorpheme

Im Deutschen gibt es fünf Kasusmorpheme: -r, -s, -e, -n, -m. Sie treten mehrmals auf, um das Kasussystem zu vervollständigen.

	Singular			*Plural*
	maskulin	*neutral*	*feminin*	*m n f*
Nominativ	-(e)r	-(a/e)s	-(i)e	-(i)e
Akkustiv	-(e)n	-(a/e)s	-(i)e	-(i)e
Dativ	-(e)m	–(e)m	-(e)r	-(e)n
Genitiv	-(e)s	-(e)s	-(e)r	-(e)r

Träger der Kasusmorpheme sind

Personen- und Ortsnamen (nur Genitiv -s) — Peter*s* Fahrrad, Berlin*s* Bürgermeister

Nomen (nur mask. und neutr. Sing. und Dativ Plur.) — des Vater*s*, des Kind*es*, den Schüler*n*

und die meisten Pronomen — dies*er* Mann, mein*em* Bruder, manch*es* Kind

sowie der bestimmte Artikel — d*er* Tisch, d*as* Bett, d*ie* Lampe

und der unbestimmte Artikel (mit Ausnahme von maskulinem und neutralem Nominativ Singular und neutralem Akkusativ Singular) — ein*en* Sohn, ein*em* Mädchen, ein*er* Frau; ein Junge, ein Tier

Sekundäre Träger von Kasusmorphemen sind attributive Adjektive und Verben in Partizipform. Sie nehmen die Kasusmorpheme erst an, wenn kein anderer Träger (z. B. Artikel) auftritt. Vgl. S. 44. — Dort steht ein alt*er* Mann. Wie gefällt dir mein neu*es* Kleid? Die Verkehrsampel zeigt rot*es* Licht. Mit wessen neu*em* Rad bist du gefahren? Er erfreute uns mit etwas Schön*em*.

Das Kasussystem wird erweitert und vervollständigt, teilweise auch ersetzt durch lose Morpheme, die Präpositionen und Konjunktionen. Vgl. S. 84, 86. — Wir erinnern uns *an* den Vorfall. Er schreibt *mit* dem Bleistift. Sie fahren *zum* Bahnhof.

Artikel

Die Artikel signalisieren die Funktion des Nomens, kündigen die Nomenklasse an und legen den Numerus des Nomens fest. Außerdem hat der bestimmte Artikel identifizierende Wirkung *(Kennst du den Mann?)* und der unbestimmte Artikel klassifizierende Wirkung *(Weißt du einen guten Arzt?)*.

Bestimmter Artikel

	Singular			*Plural*
	maskulin	*neutral*	*feminin*	*m n f*
Nominativ	d*er*	d*as*	d*ie*	d*ie*
Akkusativ	d*en*	d*as*	d*ie*	d*ie*
Dativ	d*em*	d*em*	d*er*	d*en*
Genitiv	d*es*	d*es*	d*er*	d*er*

Unbestimmter Artikel

	Singular		
	maskulin	*neutral*	*feminin*
Nominativ	ein	ein	ein*e*
Akkusativ	ein*en*	ein	ein*e*
Dativ	ein*em*	ein*em*	ein*er*
Genitiv	ein*es*	ein*es*	ein*er*

Präpositionen

Präpositionen kennzeichnen Funktionen und signalisieren Inhalte. Sie regieren bestimmte Kasusformen.

ab (Dativ)	ab hier; ab Hamburg; ab heute; ab fünftem März
abseits (Genitiv)	abseits der Straße
an (Akkusativ)	Er geht an die Tür, ans Fenster.
(Dativ)	an der Wand; am Haus, am Tisch; am Montag, an Sonntagen
anstatt (Genitiv)	anstatt eines Lohnes
auf (Akkusativ)	Er steigt auf den Berg, auf die Leiter.
(Dativ)	auf dem Berg, auf dem Tisch; auf kurze Zeit
aus (Dativ)	aus dem Haus, aus Köln; aus dem Mittelalter
außer (Dativ)	außer Haus(e), außer Gefecht; außer mir
außerhalb (Genitiv)	außerhalb der Stadt; außerhalb der Unterrichtszeit
bei (Dativ)	beim Bahnhof, beim Bäcker, bei der Arbeit, bei Nacht
binnen (Genitiv)	binnen einer Woche
bis (Akkusativ)	bis Bremen, von oben bis unten; bis morgen, von Montag bis Sonnabend, bis ersten Mai
dank (Genitiv oder Dativ)	dank seiner Fähigkeiten, dank seinem Erfolg
entgegen (Dativ)	entgegen meiner Erwartung
entlang (Genitiv)	entlang der Straße
(Akkusativ)	die Straße entlang
für (Akkusativ)	für immer; für mich
gegen (Akkusativ)	gegen den Baum; gegen einen hohen Preis

gegenüber (Dativ)	gegenüber dem Hotel, mir gegenüber
gemäß (Dativ)	gemäß den Bestimmungen, den Bestimmungen gemäß
halber (Genitiv)	Umstände halber, seines Studiums halber
hinter (Akkusativ)	Er wirft einen Blick hinter die Kulissen.
(Dativ)	hinter dem Haus, hinter mir
in (Akkusativ)	Er geht ins Theater. Er fährt in die Schweiz.
(Dativ)	im Zimmer, in der Schule; in der Nacht, in einer Woche
infolge (Genitiv)	infolge des Streiks
inmitten (Genitiv)	inmitten des Sees, inmitten der Menschenmenge
innerhalb (Genitiv)	innerhalb der Stadt; innerhalb eines Monats
jenseits (Genitiv)	jenseits des Tales
kraft (Genitiv)	kraft seines Amtes
längs (Genitiv)	längs des Ufers
(Dativ)	längs dem rechten Ufer
laut (Dativ oder Genitiv)	Laut ärztlichem Gutachten, laut Gesetz
mit (Dativ)	mit dem Auto, mit mir; mit den Jahren
mitsamt (Dativ)	mitsamt dem Gepäck
mittels (Genitiv)	mittels eines Nachschlüssels
nach (Dativ)	nach Amerika, nach Hause; nach Ostern; nach mir, der Reihe nach, meiner Ansicht nach
nächst (Dativ)	nächst dem Bahnhof
neben (Akkusativ)	Er stellt sich neben mich.
(Dativ)	neben mir, neben dem Wagen
nebst (Dativ)	eine Wohnung nebst einem großen Balkon
oberhalb (Genitiv)	oberhalb des Tales
ohne (Akkusativ)	ohne mich, ohne großen Erfolg
samt (Dativ)	samt seinem Gepäck
seit (Dativ)	seit einem Monat
seitens (Genitiv)	seitens Ihrer Firma
statt (Genitiv)	statt eines Entgelts
trotz (Genitiv)	trotz des schlechten Wetters; trotz des Verbots
(Dativ)	trotz dem heftigen Gewitter
über (Akkusativ)	Ein schwerer Sturm fegt über das Land.
	über einen Monat, das ganze Jahr über
(Dativ)	über dem Tisch, über der Stadt
um (Akkusativ)	um die Stadt, um die Ecke; um Weihnachten, um 5 Uhr
um ... willen (Genitiv)	um der Sache willen, um des lieben Friedens willen
ungeachtet (Genitiv)	ungeachtet meiner Einwände
unter (Akkusativ)	Er stellt die Tasche unter den Tisch.
(Dativ)	unter dem Tisch; unter den Ausländern; unter Protesten
unterhalb (Genitiv)	unterhalb des Hauses
unweit (Genitiv)	unweit unseres Dorfes
vermittels (Genitiv)	vermittels eines Hebels
vermöge (Genitiv)	vermöge seiner Sprachkenntnisse
von (Dativ)	von der Post, von mir, der Brief vom 5. März
vor (Akkusativ)	Er stellt den Tisch vor das Fenster.
(Dativ)	vor dem Haus, vor der Stadt; vor einem Monat, 10 vor 4 Uhr
während (Genitiv)	während der Ferien, während der Sitzung
wegen (Genitiv)	wegen großer Schwierigkeiten, meinetwegen
wider (Akkusativ)	wider besseres Wissen
zeit (Genitiv)	zeit seines Lebens

zu (Dativ)	zu Hause, zu Berlin; zu mir; zu Ostern; zu Fuß; zu welchem Preis
zufolge (Genitiv)	zufolge des Abkommens
(Dativ)	einer Meldung zufolge
zwischen (Akkusativ)	Er wirft sich zwischen die Streitenden.
(Dativ)	zwischen mir und dir, zwischen Freunden; zwischen dem 1. und dem 5. März

Konjunktionen

Konjunktionen kennzeichnen Funktionen und signalisieren Inhalte. Sie verbinden Wörter, Satzglieder und Sätze.

aber	Das Wetter ist kalt, aber schön. Hans ist faul, aber Peter ist fleißig.
allein	Wir hofften auf Erfolg, allein wir wurden enttäuscht.
allerdings	Er hat viele Fehler gemacht. Allerdings hat er sich auch keine Mühe gegeben.
als	Er ist größer als ich. Er spricht so gut Deutsch, als wäre er ein Deutscher. Als wir nach Hause kamen, war der Vater schon von der Arbeit zurück.
als ob (als wenn)	Du benimmst dich, als ob (als wenn) du Angst hättest.
also	Du bist nicht beim Arzt gewesen? Du hast also meinen Rat nicht befolgt. (Also hast du meinen Rat nicht befolgt.)
anstatt	Du sitzt hier zu Hause, anstatt zur Arbeit zu gehen.
anstatt daß	Anstatt daß du zur Arbeit gehst, sitzt du hier zu Hause.
ausgenommen	Unsere ganze Familie war in den Ferien, ausgenommen mein ältester Bruder.
außerdem	Ich möchte jetzt nicht ins Kino gehen. Außerdem habe ich auch keine Zeit.
bald . . . bald	Hans ist oft unterwegs. Er ist bald in München, bald in Hamburg.
zum Beispiel	Es gibt verschiedenartige Pronomen, z. B. Personalpronomen, Fragepronomen u. a. (und andere)
bevor	Bevor wir ins Ausland reisen, müssen wir noch unsere Pässe verlängern lassen. Bevor er eine solche schwere Arbeit annimmt, bleibt er lieber arbeitslos.
beziehungsweise	Sprechen Sie mit dem Direktor bzw. mit seinem Vertreter.
bis	Bis der Zug kommt, können wir uns noch in den Speisesaal setzen.
bis daß	Die Brautleute haben versprochen, einander treu zu bleiben, bis daß der Tod sie scheide.
bloß	Er möchte sich schon ein Auto kaufen, er hat bloß kein Geld. (. . ., bloß hat er kein Geld.)
da	Da ein Universiätsstudium viel Geld kostet, muß ich meinen Sohn noch finanziell unterstützen.
da(r) + Präp.	Man soll sich für Politik interessieren. Darin bin ich ganz deiner Meinung. Dort ist der Bahnhof, daneben ist gleich das Hotel.
dadurch	Der Kaufmann hat im letzten Jahr gute Geschäfte abgeschlossen. Dadurch war es ihm möglich, seine Firma zu vergrößern.
dadurch daß	Dadurch daß der Unfall sofort gemeldet worden war, konnten viele Schwerverletzte noch gerettet werden.
dagegen	Ich habe mir ein Haus gekauft. Mein Bruder dagegen hat sein Geld in Aktien angelegt.

daher	Die Theaterkasse war schon geschlossen. Daher konnten wir für diese Vorstellung keine Karten mehr bekommen.
damit	Ich habe dir das Geld gegeben, damit du mir die Fahrkarte besorgen kannst. Peter hat gestern sein Examen gemacht. Damit ist endlich sein langjähriges Studium abgeschlossen.
damit daß	Damit, daß Sie unseren Plan unterstützt haben, haben Sie uns sehr geholfen.
dann	Wenn du strebsam bist, dann wird auch der Erfolg nicht ausbleiben. Wir machen jetzt die Arbeit fertig. Dann können wir spazierengehen.
darum	Ich mußte länger im Büro arbeiten. Darum war es mir auch nicht möglich, zur verabredeten Zeit bei euch zu sein.
das heißt	Wir, d. h. mein Bruder und ich, werden nach Bremen fahren.
daß	Es ist nicht wahr, daß die Firma Bankrott gemacht hat. Ich hoffe, daß du uns bald wieder besuchst. Hat er davon gesprochen, daß er bald heiraten will? Er hat die Hoffnung aufgegeben, daß er bald befördert wird.
es sei denn, daß	Wir können unsere Absicht, ein Haus zu bauen, nicht verwirklichen, es sei denn, daß wir noch jemanden finden, der uns einen Kredit gewährt.
denn	Macht möglichst noch in diesem Jahr eure Fahrprüfung, denn ab nächstem Jahr sollen die Prüfungsbestimmungen verschärft werden.
deshalb	Heute erwarte ich Besuch. Deshalb ist es mir auch nicht möglich, mit euch wegzufahren.
dessenungeachtet	Der Bergsteiger ist vor der Gefahr, die die Besteigung dieses Berges mit sich bringt, gewarnt worden; er ist aber dessenungeachtet heute früh in die Wand eingestiegen.
deswegen	Seit einigen Tagen ist es erheblich wärmer geworden. Wir haben deswegen die Öfen ausgehen lassen.
doch	Wir haben sehr viel zu tun, doch macht uns die Arbeit Spaß.
ebenso	Der Schauspieler ist auf vielen bekannten Bühnen aufgetreten, ebenso hat er in einer ganzen Reihe von Filmen mitgewirkt.
ebensosehr	Er sieht gern Schauspiele, ebensosehr Filme.
ebensowenig	Wir mögen Kriminalfilme nicht, ebensowenig Wildwestfilme.
ehe	Ehe du die Kinder zu Bett bringst, müssen sie sich waschen. Ehe wir ihn um Geld bitten, verzichten wir lieber auf das Vergnügen.
einerseits ... andererseits	Er weiß nicht, was er will. Einerseits will er zu Hause bleiben, andererseits möchte er aber auch mit uns kommen.
entweder ... oder	Er ist entweder im Büro oder im Lagerraum. Entweder arbeiten Sie, wie es sich gehört, oder Sie können sich eine andere Stellung suchen.
etwa	Heutzutage sollte man mindestens eine Fremdsprache können, etwa Englisch, Französisch oder Spanisch.
falls	Sagen Sie mir Bescheid, falls sich jemand nach mir erkundigen sollte. Falls ihr in der Nähe zu tun habt, könnt ihr bei mir vorbeikommen.
folglich	Du hast dich nicht um meinen Rat gekümmert. Folglich darfst du dich auch nicht über den Mißerfolg beschweren.
geschweige (denn)	Der Kranke kann noch nicht aufstehen, geschweige denn das Haus verlassen.
gesetzt den Fall	Gesetzt den Fall, wir interessierten uns für diesen Wagen, für wieviel würden Sie ihn verkaufen?
hingegen	Hans ist ein sehr musischer Mensch, sein Bruder hingegen ist mehr praktisch veranlagt.

indem	Du kannst ihn für deine Pläne gewinnen, indem du ihn von ihrer Nützlichkeit überzeugst. Sie können die Maschine zum Stehen bringen, indem Sie diesen Hebel bedienen.
indes	Ich habe ihm einen guten Rat gegeben, indes er befolgte ihn nicht. (. . ., indes befolgte er ihn nicht.)
indessen	Ich ging in die Post, um ein Telegramm aufzugeben, indessen wartete mein Freund auf der Straße auf mich.
infolgedessen	Im letzten Jahr sind die Exportaufträge zurückgegangen. Die Firma mußte infolgedessen eine ganze Reihe von Angestellten entlassen.
insofern	Die Verpflegung in diesem Hotel war gut, insofern waren wir ganz zufrieden, aber die Bedienung ließ viel zu wünschen übrig. Wir waren in diesem Hotel insofern zufrieden, als die Verpflegung sehr gut war.
insoweit	Insoweit waren wir mit unserer Geschäftsreise zufrieden, als wir doch einige Abschlüsse tätigen konnten. Im übrigen hatten wir uns aber von der Reise mehr erwartet.
inzwischen	Ich gehe in die Küche und bereite das Essen vor. Du kannst inzwischen den Tisch decken.
ja (sogar)	Peter hat gute sportliche Leistungen gezeigt; ja er wurde im Weitsprung sogar Zweiter.
je . . . desto (um so)	Je länger du im Lande bleibst, desto besser lernst du es kennen. Je reicher jemand ist, um so mehr Freunde wird er haben.
je nachdem	Je nachdem es uns gefällt oder nicht, werden wir unsere Reise ausdehnen.
je nachdem wie	Er wird bei uns zu Besuch bleiben, je nachdem wie er Zeit hat.
jedoch	Er ist musikalisch, jedoch singen kann er nicht. (. . ., jedoch kann er nicht singen.)
kaum	Kaum waren wir zu Hause, begann ein heftiges Unwetter. Wir waren kaum zu Hause, als ein heftiges Unwetter einsetzte.
kaum daß	Kaum daß er zu Hause war, wollte er auch schon etwas zu essen haben.
mal . . . mal	Er ist unberechenbar. Mal ist er freundlich, mal hat er schlechte Laune.
mithin	Die Streitenden wollten sich nicht versöhnen. Mithin waren unsere ganzen Vermittlungsbemühungen vergebens.
nachdem	Nachdem wir die Museen besucht hatten, suchten wir ein Restaurant auf, um dort zu essen.
namentlich (aber)	Die Reisenden waren sehr müde, namentlich aber die Kinder.
nämlich	Die Kinder lernen in der Schule viele Dinge, nämlich Lesen, Schreiben, Rechnen usw. Er fährt morgen nach Köln, er hat dort nämlich eine bessere Arbeit gefunden.
nichtsdestoweniger	Die Firma erhöhte die Gehälter um 6 Prozent, nichtsdestoweniger wurden von den Angestellten weitere Gehaltsforderungen gestellt.
noch	Er ist nicht in Paris gewesen, noch in London. Er geht nicht zur Arbeit, noch hilft er seiner Frau im Haus.
nun	Jetzt ist deine Schulzeit beendet. Nun mußt du einen Beruf lernen.
nur	Er ist nicht krank, nur müde. Er hat mir immer geholfen, nur Geld gab er mir nie.
ob	Es ist noch ungewiß, ob Arbeiter entlassen werden müssen. Weißt du, ob Hans heute kommt?
ob . . . oder	Ich trinke alles, ob Wein oder Bier. Es spielt keine Rolle, ob Sie mit dem Direktor sprechen oder mit seinem Vertreter.
obgleich	Obgleich ich dich mehrmals gefragt habe, gibst du mir keine Antwort.

obschon	Obschon wir uns alle Mühe geben, gelingt es uns nicht.
obwohl	Obwohl er aus gutem Hause stammt, hat er schlechte Manieren.
oder	Gehst du oder Inge zur Post? Ich fahre heute oder morgen. Ich schreibe Ihnen einen Brief oder rufe Sie an.
ohne	Der Autofahrer fuhr weiter, ohne sich um den Verletzten zu kümmern.
seit (-dem)	Seit wir hier sind, haben wir viele Freunde gefunden.
so	Ich passe jetzt auf die Kinder auf. So kannst du einkaufen gehen.
sobald	Sobald ich von der Reise zurück bin, können wir uns treffen.
sofern	Er kann seine Schulden bezahlen, sofern ihm sein Vater Geld schickt.
solange	Die Passagiere müssen das Flugzeug verlassen, solange es aufgetankt wird. Du kannst von uns keine Hilfe erwarten, solange du so unfreundlich bist.
somit	Hans ist gerade gekommen. Wir sind somit alle beisammen.
sondern	Er kommt nicht heute, sondern morgen. Sie sollten nicht im Haus, sondern im Garten arbeiten. Wir gehen nicht fort, sondern bleiben hier.
sonst	Verlassen Sie meine Wohnung, sonst rufe ich die Polizei!
sooft	Sooft ich hier vorbeikomme, schaut die Frau zum Fenster hinaus.
soviel	Soviel ich weiß, kommt Peter heute zu dir.
soweit	Wir helfen euch, soweit wir dazu in der Lage sind.
sowie (auch)	Der Redner begrüßte den Bürgermeister, sowie auch die Stadträte.
sowohl ... als auch	Wir haben euch gestern gesehen, sowohl dich als auch deinen Freund.
statt	Statt hier herumzustehen, solltet ihr lieber arbeiten.
statt dessen	Ihr solltet euch versöhnen, statt dessen schlagt ihr euch auch noch.
teils ... teils	Die Stimmung war zwiespältig. Teils unterhielten sich die Gäste angeregt, teils saßen sie aber gelangweilt in ihren Sesseln.
trotzdem	Der Zug fuhr schon mit Verspätung ab, trotzdem kamen wir aber pünktlich zu Hause an.
überdies	Wir hatten am Sonntag keine Lust, zum Fußballspiel zu gehen. Überdies war auch das Wetter schlecht.
um	Er ist zum Arzt gegangen, um sich dort untersuchen zu lassen. Wir sind zu müde, um noch zu arbeiten.
um so mehr, als	Du mußt in der Schule fleißiger sein, um so mehr, als du ja später studieren willst.
um so weniger, als	Heute darfst du nicht zum Schwimmen gehen, um so weniger, als du ja erkältet bist.
und	Haus und Hof, schön und gut; – Wir gehen zum Bahnhof und holen dort unsere Freunde ab. Hans ist fleißig, und Peter ist faul. Heute fahren wir nach Hannover, und morgen besuchen wir die Industriemesse. Er bringt es fertig und schlägt das arme Tier.
und zwar	Wir haben einige Bücher gekauft, und zwar Romane, Bildbände und Fachbücher.
unterdessen	Mach bitte Kaffee, ich decke unterdessen den Tisch.
während	Während wir im Garten saßen, konnten wir das Konzert im Stadtpark hören. Ich muß arbeiten, während du immer spazierengehen kannst.
währenddessen (währenddem)	Unterhaltet euch ein bißchen, währenddessen bringe ich die Kinder zu Bett.
weder ... noch	Weder ich noch mein Bruder haben studiert. Er geht weder zur Arbeit noch hilft er im Hause.

weil	Wir müssen einen Kredit aufnehmen, weil unser Geld zur Renovierung unseres Hauses nicht ausreicht.
wenigstens	Unser ganzer Urlaub war verregnet. Wenigstens war das Wetter am letzten Wochenende einigermaßen erträglich.
wenn	Wenn du heute abend nach Hause kommst, schließe bitte die Haustür zu! Wenn Sie bar zahlen, bekommen Sie 2% Skonto. Wenn wir doch nicht hierher gefahren wären!
wenn ... auch	Du wirst sicher zu spät kommen, wenn du auch noch so schnell läufst.
wenngleich	Er hat die Stelle bei der Firma nicht bekommen, wenngleich er sich sofort darum beworben hat und die besten Zeugnisse besitzt.
wie	Er ist so alt wie ich. Der Film war nicht so gut, wie wir ihn uns vorgestellt hatten.
wie ... auch (immer)	Wie schwierig die Arbeit auch immer sein mag, wir werden sie schaffen.
wie wenn	Er rennt, wie wenn der Teufel hinter ihm her wäre.
wo	Du hast mir das Geld nicht geschickt, wo ich dich doch so darum gebeten habe.
wohingegen	Der alte Mann arbeitet wie ein Pferd, wohingegen sein Sohn den ganzen Tag faulenzt.
zumal	Wir müssen heute etwas im Garten tun, zumal das Wetter so gut ist.
zumindest	Niemand hat mir geholfen. Du hättest mich zumindest unterstützen können.
zwar	Das Fest findet doch statt, und zwar am nächsten Sonntag. Es fährt zwar ein Bus in die Stadt, aber ich fahre lieber mit dem Fahrrad.

Die Funktionen im Satz

Funktionen sind Wirkungsweisen der einzelnen Inhalte innerhalb der Organisation eines Satzes.

Prädikat

Das Prädikat nennt im Satz das Geschehen oder das Sein.

Der Mann *arbeitet.* Es *regnet.* Der Hund *schläft.*

Es ist häufig zweiteilig:

1. Verb + Verbzusatz	Der Zug *fährt* jetzt *ab.*
2. haben/sein/werden + Partizip II	Er *hat* den Brief geschrieben. Er *ist* gerade *gefahren.* Die Sache *wird* heute *geprüft.*
3. Modalverb + Infinitiv	Er *will* den Berg *besteigen.*
4. lassen/sehen/hören u. a. + Infinitiv	Er *läßt* sich die Haare *schneiden.* Ich *höre* ihn *kommen.*

Prädikatsergänzung

Prädikatsergänzungen erweitern die sprachliche Ausdrucksmöglichkeit.

Es gibt

1. austauschbare Prädikatsergänzungen	Er geht *nach Hause (ins Kino, schnell, zu Fuß, allein).*
2. feste Prädikatsergänzungen	Er stellt ihn *zur Rede.* Er setzt den Motor *in Gang.* Er legte große Geschicklichkeit *an den Tag.*

Arten der Prädikatsergänzungen

Unterscheidung

1. nach ihrem Inhalt

a) Lokalergänzungen	Mein Freund wohnt *im Hotel.*
b) Temporalergänzungen	Das Fest dauert *bis zum Morgen.*
c) Modalergänzung	Ich findet das Buch *gut.*
d) Kausalergänzungen	Das Feuer entstand *durch Leichtsinn.*

2. nach dem Kasusmorphem

a) Prädikatsnominativ — Dieses Haus ist *ein Hotel.* Er ist *ein guter Arzt.*

b) Prädikatsakkusativ — Er nennt mich *seinen Freund.*

3. nach der von der Struktur geforderten Funktion

a) Prädikatssubjekt — Zwischen den Freunden ist *ein Streit* entstanden. Ihm drohte *ein Unheil.*

b) Prädikatsobjekt — Er fand auf der Reise *den Tod.* Der Junge schnitt ihm *Gesichter.*

Prädikatsergänzungen wirken mit bestimmten Verben zusammen.

Er *stellte* ihm eine Frage. Er *hielt* einen Vortrag. Sie *gibt* einen Empfang.

Subjekt und Objekt

Subjekt

Das Subjekt nennt das Thema der Mitteilung. Das Subjekt ist stets Nominativ.

Der Mann schreibt einen Brief. *Das Abendessen* ist fertig. Soeben wurde *die Ankunft des Zuges* gemeldet.

Nennt das Subjekt zusammen mit einem Funktionsverb das Geschehen/Sein, ist es ein *Prädikatssubjekt.*

Etwas Schlimmes ist passiert. Den Kindern drohte *ein Unheil.* Es wurde berichtet, daß *Schwierigkeiten* aufgetreten sind.

Bei Verben des Wettergeschehens und bei einer Reihe anderer Verben, die bestimmte Geschehen/Sein zum Ausdruck bringen, ist das Pronomen ‚es' *Funktionssubjekt.*

Es regnet. *Es* dämmert. *Es* klopft. Ihm geht *es* gut. *Es* geht um deine Gesundheit. Wieviel Uhr ist *es*? Ihm gefällt *es* hier.

Objekt

Das Objekt nennt die Personen, Sachen, Begriffe oder Sachverhalte, die mit dem Subjekt das beschriebene Geschehen/Sein realisieren.

Er liebt *seine Eltern.* Er hilft *seinem Freund.* Sie schenkt *ihrem Bruder ein Buch.*

Man unterscheidet die Objekte nach den Funktionskennzeichen:

Akkusativobjekt — Ich habe ein*en* Brief bekommen.
Dativobjekt — Der Wagen gehört mein*em* Freund.
Genitivobjekt — Man beschuldigte ihn d*es* Diebstahl*s*.
Präpositionalobjekt — Wir warten *auf* Wetterbesserung.

Nennt ein Objekt in Verbindung mit einem Funktionsverb das Geschehen/Sein, ist es ein *Prädikatsobjekt.*	Er macht *einen Spaziergang.* Der Junge hat *großen Mut* gezeigt. Der arme Mann hat *einen schrecklichen Tod* gefunden.
Bei einer Reihe von Verben muß ein Reflexivpronomen als *Funktionsobjekt* stehen. In seltenen Fällen ist auch das Pronomen *es* Funktionsobjekt.	Der Junge hat *sich* erkältet. Hast du *dich* bei ihm bedankt? Die Schmerzen haben *sich* gegeben. Er läßt *es* auf einen Streit ankommen.

Objektsprädikat

Bei Verben der Wahrnehmung oder der Veranlassung u. ä. kann das Objekt ein eigenes Prädikat annehmen. Ein Objektsprädikat gehört zum Objekt.	Ich *höre* meinen Freund *kommen.* Die alte Frau *fühlte* den Tod *nahen.* Er *läßt* den Brief von der Sekretärin *schreiben.*

Objektergänzung

Bei Ausdrücken von Wahrnehmungen, von Urteilen u. ä. kann das Objekt eine Ergänzung annehmen. Eine Objektergänzung gehört zum Objekt.	Ich sehe euch *fröhlich.* Wir trinken den Kaffee *bitter.* Er fand sein Buch *in der Tasche.*

Angaben

Angaben nennen die Umstände, die einen Sachverhalt begleiten.	Er ist *gestern mit seinem Bruder* nach Hamburg gefahren.

Die Arten der Angaben

Angaben werden nach ihren Inhalten unterschieden:

Lokalangaben	Er hat *in Berlin* Medizin studiert.
Temporalangaben	*Im Sommer* fahren wir nach Italien.
Modalangaben	Er sprang *mit einem Satz* ins Wasser.
Kausalangaben	*Bei allen Bemühungen* blieb der Wagen im Schlamm stecken.
Angaben des Urhebers oder der Ursache	Der Junge wurde *von einem Hund* gebissen. Das Land wurde *vom Sturm* verwüstet.
Personenangabe	Er brachte *mir* den Brief zur Post. Kommt *mir* nicht so spät nach Hause!
Modalglieder bringen die subjektive Einstellung des Sprechers zum Ausdruck	Es schneit *ja.* Morgen bekomme ich *vielleicht* Besuch. Es ist *leider* schon spät.

Attribut

Attribute sind Begleiter von Wörtern. Sie charakterisieren die Wortinhalte, grenzen sie ein oder bestimmen sie näher.

1. vorangestellte Attribute	*schöne* Blumen; *drei* Kinder; *viel* Geld; *Peters* Fahrrad; *sehr* spät; *überaus* schnell
2. nachgestellte Attribute	die Kirche *auf dem Berg*; der Sohn *des Nachbarn*; ein Freund *von mir*; ihr *dort hinten*

Apposition

Appositionen sind Attribute, die im gleichen Kasus stehen wir das übergeordnete Nomen oder Pronomen.

1. vorangestellte Apposition	*Herr* Müller; der *Freistaat* Bayern; *zwei Pfund* Birnen
2. nachgestellte Apposition	Die Mädchen, *Inge und Gisela*; am Sonntag, *dem 11. Mai*; ein Auto *wie dieses*
3. abgerückte Apposition	Wir sind *alle* zu Hause. Wir haben *jeder* ein Buch. *Als Schüler* mußten wir viel arbeiten.

Rangattribut

Rangattribute signalisieren die Einstellung des Sprechers zu einem im Satzglied genannten Inhalt.	Seid ihr *etwa* mit dem Fahrrad nach Paris gefahren? *Nur* du kannst uns helfen.

Die Satzstrukturen

In der Struktur eines Satzes liegt das Zusammenspiel der Satzglieder fest. Die Struktur eines Satzes ist abhängig von der Wahl der Wörter, die zu einer Äußerung gebraucht werden.

Übersicht über die wichtigsten Satzstrukturen

Mit dem Prädikat wirken folgende Satzglieder zusammen:

Subjekt	Die Kinder lachen. – Wasser verdunstet.
Funktionssubjekt	Es regnet. – Es klopft.
Prädikatssubjekt	Ein Unglück ist geschehen.
Subjekt + Akkusativobjekt	Der Junge liest einen Roman. – Der Traktor zieht den Wagen.
Subjekt + Funktionsobjekt	Er hat sich erkältet.
Subjekt + Prädikatsobjekt	Er hat die Flucht ergriffen. – Sie fand den Tod.
Funktionssubjekt + Akkusativobjekt	Es gibt fünf Kontinente.
Prädikatssubjekt + Funktionsobjekt	Ein schweres Unglück hat sich ereignet.
Subjekt + Dativobjekt (vgl. S. 97)	Hans hilft mir. – Die Erfahrung nützt ihm.
Funktionssubjekt + Dativobjekt	Es dämmert mir.
Prädikatssubjekt + Dativobjekt	Ihr zittern die Knie. – Mir schmerzen die Glieder.
Subjekt + Präpositionalobjekt (vgl. S. 98)	Wir zweifeln an eurer Ehrlichkeit.
Funktionssubjekt + Präpositionalobjekt	Es geht um dein Glück.
Subjekt + Genitivobjekt	Er gedachte des Verstorbenen.
Subjekt + Akkusativobjekt + Dativobjekt (vgl. S. 102)	Der Schaffner erklärte mir den Fahrplan.
Subjekt + Funktionsobjekt + Dativobjekt	Der Mann widmete sich seinem Hobby. – Ich habe mich gestern meinen Kindern gewidmet.
Subjekt + Funktionsobjekt + Akkusativobjekt	Er stellt sich die Situation vor: – Ich habe mir die Lage nur vorgestellt.
Subjekt + Dativobjekt + Prädikatsobjekt	Der junge Mann hat uns Gesellschaft geleistet.

Subjekt + Funktionsobjekt + Prädikatsobjekt	Er hat sich auf der Reise Zeit genommen. – Ich habe mir auf der Reise Zeit genommen.
Subjekt + Akkusativobjekt + Präpositionalobjekt (vgl. S. 103)	Wir haben Sie vor dem Betrüger gewarnt.
Subjekt + Funktionsobjekt + Präpositionalobjekt (vgl. S. 105)	Ich halte mich an die Anweisungen meines Chefs. – Er hat es auf mich abgesehen.
Funktionssubjekt + Funktionsobjekt + Präpositionalobjekt	Worum handelt es sich? Es handelt sich um ein größeres Geschäft.
Subjekt + Akkusativobjekt + Genitivobjekt	Die Diebe haben mich meiner ganzen Barschaft beraubt.
Subjekt + Funktionsobjekt + Genitivobjekt	Die Kindergärtnerin hat sich unserer Kinder angenommen.
Subjekt + Dativobjekt + Präpositionalobjekt	Wir danken Ihnen für Ihr freundliches Schreiben.
Subjekt + Präpositionalobjekt + Präpositionalobjekt	Wir haben mit ihm über Geschäfte gesprochen.
Subjekt + Prädikatsergänzung	Das Gesetz ist bereits in Kraft getreten. – Die Gäste sind nach Hause gefahren. – Du siehst schlecht aus. – Er ist krank.
Funktionssubjekt + Prädikatsergänzung	Es ist 5 Uhr. – Es ist dunkel. – Es ist Nacht.
Subjekt + Akkusativobjekt + Prädikatsergänzung	Das Mädchen bringt das Zimmer in Ordnung. – Der Hund hat mich ins Bein gebissen. – Er nannte dich einen Dummkopf.
Subjekt + Funktionsobjekt + Prädikatsergänzung	Der Junge setzt sich zur Wehr. – Ich befinde mich in einem vornehmen Haus. – Er hat sich schlecht benommen. – Er hat sich als guter Freund erwiesen.
Funktionssubjekt + Akkusativobjekt + Prädikatsergänzung	Es zieht sie zum Theater.
Subjekt + Dativobjekt + Prädikatsergänzung (vgl. S. 107)	Der Arbeiter geht mir zur Hand. – Euer Wohl liegt mir am Herzen. – Das Kleid steht dir gut.
Funktionssubjekt + Dativobjekt + Prädikatsergänzung	Ihm geht es gut. – Mir regnete es ins Gesicht. – Mir klingt es in den Ohren.
Subjekt + Präpositionalobjekt + Prädikatsergänzung (vgl. S. 107)	Wir sind mit euch ins reine gekommen. – Der Mann ist auf unsere Hilfe angewiesen.

Subjekt + Genitivobjekt + Prädikatsergänzung	Die Frau ist seiner überdrüssig.
Subjekt + Dativobjekt + Akkusativobjekt + Prädikatsergänzung	Er hat mir meinen Mißerfolg zum Vorwurf gemacht. – Ich habe Ihnen den Bericht auf den Schreibtisch gelegt.
Subjekt + Funktionsobjekt + Akkusativobjekt + Prädikatsergänzung	Ich habe mir deinen Rat zu Herzen genommen.
Subjekt + Akkusativobjekt + Präpositionalobjekt + Prädikatsergänzung	Die Mutter hat ihren Jungen gegen die Vorwürfe in Schutz genommen. – Ein Geschäftsfreund hat mich auf Ihre Firma aufmerksam gemacht.
Subjekt + Funktionsobjekt + Präpositionalobjekt + Prädikatsergänzung	Hast du dich über mich lustig gemacht?
Subjekt + Akkusativobjekt + Genitivobjekt + Prädikatsergänzung	Der Richter sprach den Angeklagten des Diebstahls schuldig.
Subjekt + Dativobjekt + Präpositionalobjekt + Prädikatsergänzung	Wir sind dem Gegner an Stärke überlegen.
Subjekt + Funktionsobjekt + Genitivobjekt + Prädikatsergänzung	Ich bin mir keiner Schuld bewußt.

Sätze mit Dativobjekt

ab/sagen	Peter kommt heute nicht zu mir. Er hat mir vorhin abgesagt.
ähneln	Gisela ähnelt ihrer Mutter.
antworten	Der Schüler antwortet dem Lehrer.
aus/weichen	Das Auto wich dem Fußgänger rechtzeitig aus.
begegnen	Gestern bin ich deinem Vater begegnet.
behagen	Dieser arrogante Mensch behagt mir nicht.
bei/pflichten	Wir müssen eurer Meinung voll und ganz beipflichten
bei/stehen	Mein Freund steht mir in allen Schwierigkeiten bei.
bei/stimmen	Wir können euren Ansichten nur beistimmen.
belieben	Tun Sie, was Ihnen beliebt.
bleiben	Von meinem ganzen Geld blieben mir nur zehn Mark.
danken	Die Kinder danken ihren Eltern.
dienen	Die Soldaten müssen ihrem Vaterland dienen.
drohen	Der Vater drohte seinem Sohn.
entfliehen	Die Verbrecher konnten ihren Verfolgern nicht entfliehen.
entgehen	Wir sind mit knapper Not einem Unglück entgangen.
entrinnen	Er ist in letzter Minute der Gefahr entronnen.
entsagen	Der Eremit hat der Welt entsagt.
entsprechen	Wir werden gern Ihrem Wunsch entsprechen.
fehlen	Mir fehlen (an zehn Mark) noch 50 Pfennige.

fluchen	Der Verzweifelte fluchte seinem Schicksal.
folgen	Wir folgten dem Mann ins Haus.
gefallen	Wie hat dir der Film gefallen?
gehorchen	Die Kinder sollen ihren Eltern gehorchen.
gehören	Wem gehört dieses Buch hier?
gelingen	Dem Wissenschaftler ist der Versuch endlich gelungen.
genügen	Das Geld, das du mir angeboten hast, genügt mir nicht.
geraten	Meiner Mutter ist der Kuchen gut geraten.
gleichen	Der Bruder gleicht seiner Schwester sehr.
glücken	Mir ist der Kopfsprung ins Wasser geglückt.
gratulieren	Ich gratuliere dir zum Geburtstag.
grollen	Inge grollt ihrer Freundin.
helfen	Der Arzt hilft dem Kranken.
lauschen	Die Kinder lauschen dem Gesang der Vögel.
mißfallen	Das schlechte Betragen der Schüler mißfällt dem Lehrer.
mißlingen	Dem Physiklehrer ist der Versuch mißlungen.
mißraten	Dem Koch ist heute das Essen mißraten.
mißtrauen	Einem unehrlichen Menschen muß man mißtrauen.
nach/eifern	Der Junge eifert seinem Vater nach.
nach/geben	Man muß nicht immer dem Wunsch eines Freundes nachgeben.
nach/laufen	Die Kinder laufen der Militärkapelle nach.
nutzen, nützen	Die Medizin nützt dem Kranken.
passen	Das Kleid paßt dir.
schaden	Zigaretten schaden der Gesundheit.
schmecken	Schokolade schmeckt den Kindern immer.
stehen	Der Hut steht dir nicht.
trauen	Ich traue diesem Menschen nicht.
unterliegen	Die tapferen Soldaten unterlagen der Übermacht.
vergeben	Gott vergibt den Sündern.
vertrauen	Vertrauen Sie ihm nicht!
weichen	Wir weichen nur der Gewalt.
widersprechen	Du darfst deinem Vater nicht widersprechen.
widerstehen	Wir können den Verlockungen nicht widerstehen.
widerstreben	Diese schmutzige Arbeit widerstrebt mir.
winken	Der Gast winkte dem Kellner.
zu/hören	Die Leute hören dem Redner zu.
zürnen	Der Vater zürnt seinem undankbaren Sohn.
zu/sagen	Diese schmutzige Arbeit sagt mir nicht zu.
zu/schauen	Wir haben dem Fußballspiel zugeschaut.
zu/stehen	Dem Hausmädchen stehen neben Lohn auch Unterkunft und Verpflegung zu.
zu/stimmen	Die Zuhörer stimmten den Argumenten des Redners zu.

Sätze mit Präpositionalobjekt

ab/hängen	Unser Abreisetermin hängt vom Wetter ab.
ab/sehen	Der Richter will von einer Bestrafung des jungen Mannes absehen.
ab/zielen	Die Maßnahme der Direktion zielt auf eine Produktionssteigerung ab.
achten	Das Mädchen achtet auf seine kleine Schwester. Achten Sie auf die Verkehrszeichen!

an/fangen	Morgen fangen wir mit der Arbeit an. Warum fängst du wieder mit dem Streit an?
an/knüpfen	Der Abgeordnete knüpfte an die Ausführungen seines Vorredners an.
an/setzen	Der Löwe setzte zum Sprung an.
an/spielen	Er spielte auf die Mißerfolge seines Gegners an.
an/stoßen	Wir wollen auf deine Gesundheit anstoßen.
an/treten	Die Sportler treten jetzt zu einem Wettkampf an.
appellieren	Er appellierte an ihre Güte. Ich appelliere an deine Vernunft.
arbeiten	Der Student arbeitet an seiner Doktorarbeit.
auf/hören	Höre mit deinen Prahlereien auf!
bangen	Er bangt um seine Stellung.
basieren	Seine Verdächtigungen basieren nur auf Vermutungen.
beginnen	Morgen beginnen wir mit der Arbeit.
beharren	Der Beleidigte beharrte auf einer öffentlichen Entschuldigung.
beruhen	Deine Ansichten beruhen auf einem Irrtum.
bestehen	Bronze besteht aus Kupfer und Zinn. Wir bestehen auf deiner Mitarbeit.
debattieren	Im Parlament debattierte man über die Sozialreform.
denken	Die Mutter denkt immer an ihren Sohn. Er denkt nur an seine Arbeit.
dienen	Die Straßenbahn dient zur Beförderung von Personen.
drängen	Die Regierung drängte auf baldige Verwirklichung ihres Programms.
ein/gehen	Ich kann jetzt leider nicht auf Ihre Fragen eingehen. Der Mann verhält sich reserviert; er geht nicht auf mich ein.
ein/schreiten	Die Polizei schritt gegen die Demonstranten ein.
ein/treten	Warum trittst du nicht für deinen Freund ein? Wir treten für eine Verkürzung der Arbeitszeit ein.
ein/willigen	Er wollte nicht in den Verkauf des Hauses einwilligen.
erkennen	Das Gericht erkannte auf drei Jahre Gefängnis.
erschrecken	Das Kind erschrak vor dem großen Hund.
experimentieren	Die Wissenschaftler experimentieren mit neuen Medikamenten.
fahnden	Die Polizei fahndet nach dem vermutlichen Täter.
feilschen	Bei uns können Sie nicht um die Preise feilschen.
fischen	Er fischte nach den Fleischstückchen in der Suppe.
flehen	Der Arme fleht um Erbarmen.
fliehen	Die Bevölkerung floh vor den feindlichen Soldaten.
folgen	Auf Regen folgt Sonnenschein. Aus der Rede des Ministers folgt, daß die Steuern bald wieder erhöht werden.
forschen	Der Sohn forschte nach seinem verschollenen Vater.
fragen	Dort ist der Mann, der nach dir gefragt hat.
fürchten	Der Geizhals fürchtet um sein Geld. Er fürchtet um seine Gesundheit. Sie fürchtet für ihr Leben.
gebieten	Der Herrscher gebot über viele Völker.
gehen	Die neue Polizeiverordnung geht gegen die rücksichtslosen Autofahrer.
gehören	Die Kinder gehören zu den Eltern. Du gehörst zu mir.
gelten	Das Verbot gilt für dich wie auch für die anderen.
gerade/stehen	Wir können für deine Taten nicht geradestehen.
glauben	Glaubt ihr an die Zukunft eures Landes? Er glaubt nicht an Gott.
graben	Die Archäologen graben nach den Resten einer versunkenen Stadt.
greifen	Das Kind griff nach den Händen seiner Mutter
grübeln	Er hat lange über ein schwieriges Problem gegrübelt.
handeln	Der Vortrag handelte von der Entwicklung der modernen Kunst.

hängen	Die Kinder hängen an ihrer Mutter. Ich hänge an den von meine Eltern ererbten Sachen.
her/fallen	Die Räuber fielen über die Reisenden her. Die Kinder fielen über de Kuchen her.
herrschen	Alexander der Große herrschte über viele Länder und Völker.
her/ziehen	Der Politiker zog über seine Gegner her.
hinaus/laufen	Die Debatte lief auf eine Einigung aller Beteiligten hinaus.
hoffen	Wir alle hoffen auf deine baldige Genesung.
hören	Nicht immer hören die Kinder auf den Rat ihrer Eltern. Ich habe scho von Ihnen gehört.
hungern	Er hungert nach Vergnügungen.
intrigieren	Peter muß immer gegen mich intrigieren.
jammern	Das Kind jammert über seinen Ball, den es verloren hat. Jammern Si nicht über das bißchen Zahnschmerzen.
jubeln	Die Zuschauer jubelten über den Sieg ihrer Fußballmannschaft.
kämpfen	Die Soldaten kämpfen für ihr Vaterland. Er kämpft um eine besser Zukunft. Sie kämpfen gegen die soziale Ungerechtigkeit.
klagen	Sie klagte über starke Kopfschmerzen.
kommen	Er ist um sein ganzes Vermögen gekommen. Wie heißt er? Ich komm nicht auf seinen Namen. Er kommt zu keiner vernünftigen Arbeit weil er immer gestört wird.
korrespondieren	Er korrespondiert mit ausländischen Freunden. Seine Ansichten korrespondieren mit den meinen.
lachen	Sie lachten über meinen Witz. Lachen Sie nicht über mich!
lassen	Laßt von diesem Mann!
leiden	Er litt an starken Kopfschmerzen. Die Frau litt unter ihrem brutale Mann. Das Volk litt unter der Diktatur.
lesen	Hast du von dem letzten Raketenversuch gelesen? Der Professor lies im kommenden Semester über Existenzialphilosophie.
los/kommen	Ich komme nicht von dem Film los, den ich gestern gesehen habe. Dies Frau redet immer so viel; man kommt nicht von ihr los.
meditieren	Er meditiert den ganzen Tag über seinen neuen Roman.
mit/wirken	Sie wirkt bei dem Theaterstück mit. Er wirkt an dem Projekt mit.
nach/denken	Denke einmal über deine Fehler nach!
neigen	Ich neige nicht zu deiner Ansicht. Er neigt dazu zu übertreiben.
passen	Die Frau paßt zu ihm. Das Kleid paßt nicht zu dir.
philosophieren	Er philosophiert über den Sinn des Lebens.
polemisieren	Ihr polemisiert gegen unsere Ansichten.
protestieren	Die Arbeiter protestieren gegen den neuen Chef. Wir protestiere gegen die schlechte Behandlung der Arbeiter.
reagieren	Er reagierte nicht auf meine Frage.
rechnen	Wir rechnen auf euch. Er rechnet mit einer guten Bezahlung.
referieren	Der Vortragende referierte über die moderne Literatur.
reflektieren	Reflektieren Sie noch auf die Konzertkarte, oder soll ich sie jemand anderem geben?
resultieren	Seine Besserwisserei resultiert aus einem Minderwertigkeitsgefühl.
ringen	Der Asthmatiker ringt nach Luft. Der Philosoph ringt um die Wahrheit.
schelten	Sie schilt auf ihn. Er schalt über deine Unpünktlichkeit.
scherzen	Wir scherzen über den ungeschickten Mann. Sie scherzen über die erfolglose Politik.

scheuen — Das Pferd scheute vor dem Auto.

schimpfen — Die Frau schimpfte auf ihren Mann. Er schimpfte über ihre schlechte Arbeit.

schreiben — Er schrieb über seine letzte Auslandsreise. Du schriebst von großen Schwierigkeiten bei deinem Studium. Der Journalist schreibt gegen den Krieg.

schwärmen — Die Mädchen schwärmten von dem jungen Lehrer. Er schwärmte von der Schönheit der Natur.

schwören — Schwörst du auf diese Medizin? Er schwört auf seinen Freund.

sehen — Er sieht auf gutes Benehmen. Ich gehe jetzt in die Küche und sehe nach dem Essen.

sein — Wir sind nicht gegen Alkohol. Sind sie für Jazz? Die Reihe ist jetzt an dir.

sorgen — Der Vater sorgt für seine Familie. Sorgen Sie bitte für Ruhe!

spekulieren — Er spekuliert schon lange auf den Posten eines Direktors, hat ihn aber bis jetzt noch nicht bekommen.

sprechen — Deine Antwort spricht für deine Klugheit. Ich spreche über die Schwierigkeiten in der Politik. Seine Eitelkeit spricht gegen ihn. Sprachen Sie eben von mir? Willst du mit deinem Bruder sprechen? Der Redner sprach zu den Anwesenden.

stehen — Du kannst beruhigt sein, ich stehe immer zu dir.

sterben — Er ist an Krebs gestorben.

stimmen — Die Mehrheit im Parlament stimmte gegen die Gesetzesvorlage. Sie stimmten für eine Steuersenkung. Stimmen die Angaben, die wir haben, zu der Beschreibung des Diebes?

streben — Der junge Mann strebt nach Erfolg.

streiten — Die Kinder streiten um den Ball. Er stritt mit seiner Frau.

suchen — Er sucht nach Wahrheit, findet aber nur Lüge. Die Polizei sucht nach dem entflohenen Gefangenen.

taugen — Er taugt nicht zu einer verantwortungsvollen Aufgabe. Das Buch taugt nicht für Kinder.

teil/haben — Er möchte auch an unserem Geschäft teilhaben.

trachten — Die Menschen trachten nach Wohlstand und Glück.

tragen — Der alte Mann trägt schwer an seinem Schicksal.

trauern — Die Verwandten trauern um den Toten.

träumen — Er träumt von Liebe und Glück.

trinken — Wir wollen jetzt auf Ihre Gesundheit trinken.

um/gehen — Können Sie mit Pferden umgehen? Gehen Sie mit diesen teuren Instrumenten vorsichtig um.

urteilen — Wir urteilen nicht über dich.

verfügen — Verfügen Sie über mich! Über wieviel Geld verfügen Sie?

verlangen — Sie verlangte nach einem Glas Wasser. Der Kranke verlangte nach einem Arzt.

verstoßen — Er hat gegen das Gesetz verstoßen.

vertrauen — Wir vertrauen auf deine Geschicklichkeit. Sie vertraut auf ihn.

verzichten — Wir wollen nicht auf unsere Rechte verzichten. Der König verzichtete auf seinen Thron.

wachen — Die Soldaten wachen über die Freiheit ihres Landes.

warten — Wir warten auf unseren Freund. Er wartet auf das Ende des Winters.

weinen — Sie weinte über den Verlust ihres Geldes. Er weinte um seinen toten Freund.

wetteifern	Er wetteiferte mit seinem Bruder.
wissen	Wir wissen um die Schwierigkeiten deines Berufs. Ich weiß von den dunklen Geschäften deines Bruders.
zählen	Ihr könnt jederzeit auf mich zählen.
zerbrechen	Die Frau ist an ihrem Schicksal zerbrochen.
zögern	Warum zögern Sie mit der Antwort?
zurück/kommen	Wir kommen noch einmal auf dieses Thema zurück.
zusammen/stoßen	Das Auto ist mit der Straßenbahn zusammengestoßen.
zweifeln	Der Arzt zweifelte an der Genesung des Kranken. Wir zweifeln an den ehrlichen Absichten des Mannes. Wir zweifeln an diesem Mann.

Sätze mit Akkusativ- und Dativobjekt

ab/nehmen	Die Polizei nahm dem Mann die Waffe ab.
an/bieten	Sie bot ihrem Gast eine Tasse Kaffee an.
auf/drängen	Der Kaufmann drängte mir seine Ware auf.
auf/zwingen	Die Sieger zwangen den Besiegten ihre Bedingungen auf.
befehlen	Der Kommandeur befahl seinem Regiment den Angriff.
bereiten	Sie bereitete den Durchreisenden eine Mahlzeit.
berichten	Er berichtete mir den Vorfall.
bewilligen	Der Direktor bewilligte ihr einen Sonderurlaub.
bringen	Der Kellner brachte mir das Essen.
ein/flößen	Die Schwester flößte dem Schwerkranken die Arznei ein.
empfehlen	Das Reisebüro hat ihm dieses Hotel empfohlen.
entreißen	Der Dieb entriß der Frau die Handtasche.
entziehen	Die Behörde hat dem Händler die Verkaufslizenz entzogen.
erlauben	Der Ausweis erlaubt mir das Betreten des Fabrikgeländes.
geben	Er hat ihm das Buch gegeben.
gestatten	Er gestattet ihm das Betreten seines Grundstücks. Meine finanzielle Lage gestattet mir keine größere Reise.
gewähren	Sie gewährte ihm eine Bitte.
gönnen	Wir gönnen dir deinen Erfolg.
lassen	Wir lassen dir dein Vergnügen. Er ließ mir den Rest des Geldes.
leihen	Leihen Sie mir Ihren Wagen?
liefern	Liefern Sie mir eine Kiste Wein!
melden	Der Wachhabende meldete dem Offizier vom Dienst die Vorkommnisse.
mit/teilen	Wann teilen Sie mir Ihre Ankunft mit?
nehmen	Der Dieb hat mir mein ganzes Geld genommen.
offenbaren	Der offenbarte ihr seine Liebe.
opfern	Er opferte der Firma seine freie Zeit.
rauben	Er raubte den Reisenden das ganze Geld.
reichen	Reichen Sie mir bitte das Salz!
schenken	Ich habe ihm ein Buch geschenkt.
schicken	Wir haben unseren Eltern ein Päckchen geschickt.
schreiben	Ich habe meinem Freund einen Brief geschrieben.
schulden	Er schuldet mir noch zehn Mark.
senden	Wir senden Ihnen die bestellte Ware.
stehlen	Er hat der Frau die Handtasche gestohlen.
übergeben	Der Bote übergab dem Direktor den Brief.

überlassen	Können Sie mir für kurze Zeit das interessante Buch überlassen?
untersagen	Er untersagte den Leuten den Zutritt.
verbieten	Man hat den Jugendlichen das Betreten dieses Lokals verboten.
verhehlen	Sie konnte mir ihre Neugier nicht verhehlen.
verheimlichen	Man verheimlichte ihm den wahren Sachverhalt.
verheißen	Er verhieß dem jungen Mann eine erfolgreiche Zukunft.
verkaufen	Man verkaufte mir sehr schlechte Ware.
verkünden	Der Pfarrer verkündete der Pfarrgemeinde die Aufgebote.
versagen	Der Vater versagte seiner Tochter ihren Wunsch.
verschaffen	Er verschaffte der Firma einen Kredit.
versprechen	Er versprach dem Finder eine Belohnung.
verweigern	Der Soldat verweigerte dem Offizier den Gehorsam.
verzeihen	Verzeihen Sie ihm seine Unhöflichkeit.
vor/lesen	Die Mutter las ihrem Kind eine Geschichte vor.
vor/rechnen	Er rechnete seinem Vater die Schulden vor, die er gemacht hatte.
vor/tragen	Das Mädchen trug ihrer Klasse ein schönes Gedicht vor.
vor/werfen	Der Tierwärter warf den Raubtieren große Fleischstücke vor. Er warf dem Freund seine Lügen vor.
widmen	Er widmete sein erstes Buch seinen Eltern.
zeigen	Zeigen Sie mir bitte Ihre neuesten Fotos!
zu/führen	Er führte dem Kaufmann einen neuen Kunden zu.
zu/muten	Du kannst dem Kind eine so schwere Arbeit nicht zumuten.
zu/rufen	Er rief dem Jungen eine Warnung zu.
zu/werfen	Er warf mir den Ball zu.

Sätze mit Akkusativ- und Präpositionalobjekt

ab/halten	Das Kind hat die Mutter von der Arbeit abgehalten.
ab/härten	Kaltes Wasser härtet einen gegen Erkältungen ab.
adressieren	Er adressierte den Brief an die Firma Müller & Co.
ändern	Wir können an seiner Entscheidung nichts ändern.
auf/wenden	Für seine Kinder hat er eine Menge Geld aufgewendet.
auf/ziehen	Diese alte Uhr muß man noch mit einem Schlüssel aufziehen. Er zieht mich immer mit meiner Ungeschicklichkeit auf.
aus/geben	Er gibt für sein Hobby eine Menge Geld aus. Gibst du für uns eine Runde Bier aus?
aus/teilen	Sie teilt die Äpfel an die Kinder aus. Der Lehrer teilte die Arbeitshefte an die Schüler aus.
bedrängen	Sie bedrängte ihn ständig mit ihren Bitten.
befragen	Auf der Polizeiwache befragte man ihn über den Hergang des Unfalls.
befreien	Bitte, befreien Sie mich von diesem lästigen Menschen.
beglückwünschen	Wir beglückwünschen Sie zum erfolgreichen Abschluß Ihres Studiums.
belasten	Wir belasten Ihr Konto mit den Versandkosten.
benutzen	Dieses Werkzeug benutzt man zum Öffnen von Konservendosen.
beschäftigen	Die Eltern beschäftigen ihre Kinder mit Bastelarbeiten.
beschränken	Die Firma beschränkt ihren Export auf europäische Länder.
beschützen	Die Polizei beschützt die Bürger vor Verbrechern.
betrügen	Der Mann hat mich um 10 Mark betrogen. Er hat seine Frau mit einer Geliebten betrogen.
beurteilen	Man beurteilt einen Menschen nach seinen Leistungen. Er beurteilt das Bier nach seinem Alkoholgehalt.

bewahren	Die Impfung bewahrte mich vor einer Infektion.
bewegen	Mein Freund bewog mich zum Kauf eines Autos.
bitten	Viele Theaterbesucher baten den Schauspieler um ein Autogramm.
bringen	Der Betrüger hat den Kaufmann um sein ganzes Vermögen gebracht.
dispensieren	Der Minister dispensierte den Beamten von seinem Amt.
dividieren	Dividiere 24 durch 2!
drängen	Er drängte mich zur Abreise.
ein/laden	Ich lade dich zum Fest ein. Wir laden ihn zu uns ein.
ein/stellen	Er stellte sein Verhalten auf die Umstände ein.
ein/teilen	Er teilt die Arbeiter zum Löschen der Schiffsladung ein.
entbinden	Er entband den Geschäftsführer von seinen Pflichten.
entlasten	Der Zeuge entlastete den Angeklagten von dem Verdacht.
entnehmen	Er entnahm das Geld aus der Ladenkasse.
erinnern	Ich erinnere dich an dein Versprechen.
erkennen	Wir erkennen dich an deinem Schnurrbart.
ermahnen	Der Vater ermahnte seinen Sohn zur Redlichkeit.
ersehen	Deine Einstellung zur Arbeit ersehen wir aus deinem Verhalten.
ersuchen	Wir ersuchen Sie um eine baldige Nachricht.
fragen	Er hat mich nach deinem Aufenthaltsort gefragt.
frei/sprechen	Der Richter sprach den Angeklagten von jeder Schuld frei.
gewinnen	Man gewinnt Teer aus Kohle. Wir haben den fähigen Ingenieur für unsere Firma gewonnen.
gewöhnen	Die Mutter hat ihr Kind an die Flasche gewöhnt.
her/geben	Er gab sein Geld für eine hoffnungslose Sache her.
hindern	Er hinderte mich am Aufstehen. Der verletzte Finger hindert mich bei der Arbeit.
hin/weisen	Darf ich Sie auf ein günstiges Angebot hinweisen? Ich weise Sie auf die Polizeivorschriften hin.
hören	Hast du etwas Neues von deinem Bruder gehört?
interessieren	Ich möchte ihn an unserem Geschäft interessieren. Er wollte mich für seine politischen Anschauungen interessieren.
konfrontieren	Er konfrontierte mich mit dem Verleumder.
liefern	Die Firma liefert ihre Produkte an die hiesigen Drogerien.
necken	Er neckt sie mit ihrem neuen Hut.
nötigen	Sie nötigt das Kind zum Essen.
orientieren	Er orientierte mich über den Verlauf der Tagung.
plagen	Er plagte mich mit unbequemen Fragen.
rechtfertigen	Er rechtfertigt sein schlechtes Betragen mit seiner Nervosität.
richten	Wir richten den Brief an die Stadtverwaltung.
schließen	Wir schließen aus seinem Verhalten, daß er uns mißtraut.
schreiben	Ich habe einen Bericht an die Direktion geschrieben.
schützen	Du mußt sie vor dem brutalen Menschen schützen.
tauschen	Ich tausche meinen Füller gegen einen Kugelschreiber. Er hat den Platz mit seiner Schwester getauscht.
überreden	Er überredete mich zu einer Seereise.
überschütten	Sie überschütteten den Jungen mit Wasser.
veranlassen	Er veranlaßte den Minister zur Demission.
verbergen	Er verbarg den Flüchtling vor der Polizei.
vereinbaren	Wir haben mit der Firma andere Lieferbedingungen vereinbart.
verführen	Er verführte die Frau zum Diebstahl.
verheiraten	Er verheiratete seine Tochter mit dem Sohn eines Industriellen.

verkaufen	Sie verkaufte die Blumen an die Vorübergehenden.
verknüpfen	Sie verknüpfte die beiden Seilenden miteinander.
verlangen	Er verlangt von ihm die Herausgabe der Dokumente. Sie verlangt Geld von ihm.
verleiten	Er hat sie zum Diebstahl verleitet.
verpflichten	Wir verpflichten euch zur Geheimhaltung.
verraten	Er verriet ihn an seine Feinde.
versehen	Er versah mich mit ausreichenden Geldmitteln.
verteilen	Sie verteilte das Brot unter die Armen.
verweisen	Er hat mich an Sie verwiesen.
verwenden	Verwenden Sie das Geld zum Kauf eines Grundstücks.
warnen	Man warnte mich vor dem Betrüger.

Sätze mit Funktionsobjekt und Präpositionalobjekt (reflexive Verben)

ab/heben	Auf dem Bild heben sich die Personen gut vom Hintergrund ab.
ängstigen	Das Kind ängstigt sich vor dem fremden Mann.
ärgern	Er ärgert sich über seinen Mißerfolg. Der Vater ärgert sich über seinen ungezogenen Sohn.
auf/regen	Er regt sich über die Faulheit seines Lehrlings auf. Er regt sich über den faulen Lehrling auf.
auf/schwingen	Endlich hast du dich zu einem Entschluß aufgeschwungen. (Umgangssprache)
aus/drücken	Dummheit drückt sich meistens in Hochmut und Stolz aus.
aus/sprechen	Sie sprachen sich offen über ihre Probleme aus. Der Sohn sprach sich mit seinem Vater aus. Sprechen Sie sich für den Verkauf des Hauses aus oder dagegen?
aus/weisen	Können Sie sich über Ihre Sprachkenntnisse ausweisen?
bedanken	Ich bedanke mich herzlich für Ihr Geschenk. Wir bedanken uns für eine derartig schlechte Behandlung.
befassen	Er befaßt sich seit einiger Zeit mit Fremdsprachen.
begnügen	Die Arbeiter wollen sich nicht mehr mit ihrem bisherigen Lohn begnügen.
belustigen	Die Kinder belustigen sich mit den neuen Spielsachen. Er belustigte sich über die Ungeschicklichkeit des alten Mannes.
bemühen	Der Arzt bemühte sich um den Verletzten. Bemühen Sie sich nicht um uns!
berufen	Der Angeklagte berief sich auf die Aussagen des Zeugen.
beschränken	Ich kann Ihnen nicht alles erzählen, ich muß mich auf das Notwendigste beschränken.
besinnen	Ich kann mich nicht mehr auf den Mann besinnen, der mir das gesagt hat. Können Sie sich noch auf unser letztes Zusammentreffen besinnen?
beziehen	Ich beziehe mich auf Ihren letzten Brief. Sie können sich auf unsere Unterredung beziehen.
distanzieren	Wir distanzieren uns energisch von den Äußerungen des Politikers.
drücken	Er will sich immer von der Arbeit drücken. Ihr könnt euch nicht um die Probleme drücken.
einigen	Wir einigten uns auf einen Kaufpreis von DM 50 000,–.

ein/lassen	Laß dich nicht mit diesem Betrüger ein!
ein/stellen	Du mußt dich auf deinen Gesprächspartner einstellen.
entscheiden	Sie hat sich immer für das Richtige entschieden. Ich habe mich gegen den Verkauf des Grundstücks entschieden.
entschließen	Er hat sich zu einer Amerikareise entschlossen. Ich entschloß mich für dieses Buch. Das Parlament hat sich gegen die Gesetzesvorlage entschlossen.
entsinnen	Ich entsinne mich nicht mehr auf diesen Mann.
erbarmen	Er erbarmte sich über das arme Kind.
erfreuen	Wir erfreuen uns an dem Gesang der Vögel.
erheben	Das Volk hat sich gegen den Diktator erhoben.
erholen	Mein Vater hat sich von seiner Krankheit erholt.
erregen	Das Volk erregte sich über die Verordnungen des Finanzministers. Der Mann hat sich über den frechen Jungen erregt.
erstrecken	Die ministerielle Verordnung erstreckt sich auf alle Männer bis 45 Jahre.
freuen	Wir freuen uns auf die kommenden Feiertage. Peter freut sich über die Geschenke.
fügen	Die Menschen müssen sich in ihr Schicksal fügen.
fürchten	Die Kinder fürchten sich vor ihrem gestrengen Vater.
heraus/reden	Niemand wird dir glauben, wenn du dich immer mit deiner vielen Arbeit herausredest.
hüten	Sie müssen sich vor jenem Menschen hüten. Hüten Sie sich vor Erkältungen.
interessieren	Interessieren Sie sich für Fotografie? Er interessiert sich sehr für dieses hübsche Mädchen.
kehren	Kehren Sie sich nicht an die Beschimpfungen dieses Menschen.
konzentrieren	Wir müssen uns jetzt auf unsere Arbeit konzentrieren. Seine Bemühungen konzentrieren sich auf die Verbesserung der Lage.
kümmern	Kümmern Sie sich um Ihre Angelegenheiten! Er kümmert sich nicht um seine Familie.
rächen	Sie rächten sich an ihren Feinden. Sie rächten sich für die jahrelange Unterdrückung.
reimen	‚Haus' reimt sich auf ‚Maus'.
schämen	Sie schämte sich vor den Leuten. Er schämte sich wegen seiner Feigheit.
scheuen	Das Kind scheut sich vor fremden Menschen.
sehnen	Die Auswanderer sehnten sich nach ihrer Heimat.
sorgen	Die Mutter sorgte sich um ihr krankes Kind.
sträuben	Wir sträuben uns gegen den Verkauf des Grundstücks.
täuschen	Wir haben uns sehr in diesem Menschen getäuscht. Täuschen Sie sich nicht über die Schwierigkeiten der Probleme.
tragen	Er trägt sich mit dem Gedanken, im Sommer nach Schweden zu reisen.
verlassen	Sie können sich auf mich verlassen. Kann man sich heute wohl auf das Wetter verlassen?
verlegen	Der Junge verlegte sich aufs Lügen. Nachdem wir mit Textilien keinen Erfolg hatten, verlegten wir uns auf den Handel mit Zigaretten.
verstehen	Ich verstehe mich gut mit ihm. Verstehst du dich aufs Fotografieren?
verwandeln	Das Wasser verwandelt sich in Dampf. Der böse Zauberer verwandelte sich in eine häßliche Kröte.
wehren	Wehrt euch gegen eure Feinde! Wir wehren uns gegen jedes Unrecht.
wenden	Bitte, wenden Sie sich an den Direktor! Das Schicksal wendete sich gegen uns.

wundern	Die Lehrer wunderten sich über die guten Leistungen der Schüler. Wir wundern uns über euch.
zusammen/finden	Sie fanden sich zu gemeinsamer Arbeit zusammen.

Sätze mit Dativobjekt und Prädikatsergänzungen (Adjektive mit Dativ)

abhold	Sie ist Männern abhold.
ähnlich	Er sieht seinem Onkel ähnlich. Er ist ihm ähnlich.
angeboren	Der Herzfehler ist ihm angeboren.
angenehm	Ihr Besuch ist mir stets angenehm.
begreiflich	Deine Erregung ist mir begreiflich.
behilflich	Der Mann war mir behilflich.
bekannt	Der Mann ist mir bekannt. Das Verfahren ist ihm bekannt.
bekömmlich	Das Essen war den Kindern nicht bekömmlich.
bewußt	Sein Fehlverhalten wurde ihm bewußt.
ergeben	Der Diener war seiner Herrschaft ergeben.
fern	Ein solches Verhalten liegt ihm fern.
fremd	Derartige Sitten waren ihm fremd. Der Mann ist mir fremd.
genehm	Die Arbeit war ihm nicht genehm.
geneigt	Er war mir geneigt.
gewogen	Sie war ihm gewogen.
gleich	Das ist mir gleich.
gleichgültig	Das Schicksal ihrer Kinder war ihr gleichgültig.
gram	Er ist mir gram.
leid	Dein Mißerfolg tut mir leid.
lieb	Mir wäre ein längerer Urlaub lieb.
nahe	Diese Familie steht mir nahe.
nützlich	Haustiere sind den Menschen nützlich.
peinlich	Eine Begegnung mit ihm ist mir peinlich.
recht	Der Termin ist mir recht.
schädlich	Alkohol ist den Kindern schädlich.
treu	Er war ihm treu.
unbegreiflich	Dein Verhalten war mir unbegreiflich.
untertan	Das ganze Land war dem König untertan.
zugetan	Sie war ihm zugetan.
zuwider	Der Mensch ist mir zuwider.

Sätze mit Präpositionalobjekt und Prädikatsergänzung (Adjektive mit Präpositionen)

abhängig	Die Kinder sind von ihren Eltern abhängig.
angewiesen	Er ist auf mich angewiesen.
ärgerlich	Wir sind über dein Benehmen ärgerlich.
arm	Das Land ist arm an Mineralien.
aufgebracht	Wir sind über den ungezogenen Jungen aufgebracht.
begierig	Er ist nach allem Neuen begierig. Wir sind auf die Nachrichten begierig.

bekannt	Ich bin mit ihm bekannt.
beliebt	Der Junge ist bei seinen Lehrern beliebt.
bereit	Wir sind zur Abreise bereit.
besorgt	Die Mutter ist um ihr krankes Kind besorgt.
bestürzt	Ich bin bestürzt über diese Todesnachricht.
bezeichnend	Das schlechte Benehmen ist für den Jungen bezeichnend.
eifersüchtig	Sie ist eifersüchtig auf ihren Freund.
eingebildet	Er ist auf seine adlige Herkunft eingebildet.
einverstanden	Wir sind mit dem Hauskauf einverstanden.
empfänglich	Er ist für Schmeicheleien empfänglich.
entrüstet	Er ist über ihre lockeren Sitten entrüstet.
entschlossen	Wir sind zur Abreise entschlossen.
ergrimmt	Er ist über seinen Sohn ergrimmt.
erhaben	Sie ist über diese Leute erhaben.
erstaunt	Wir sind über das rasche Ende der Konferenz erstaunt.
fähig	Der Mann ist zu jeder Tat fähig.
fertig	Ich bin mit meiner Arbeit fertig. Er ist mit dir fertig; er will nichts mehr mit dir zu tun haben. Wir sind fertig zur Abreise.
frei	Er ist frei von ansteckenden Krankheiten.
freundlich	Sie ist zu allen Leuten freundlich.
froh	Wir sind froh über deinen Erfolg.
geeignet	Das Buch ist für den Unterricht geeignet.
gefaßt	Ich bin auf alle möglichen Überraschungen gefaßt.
geneigt	Er ist zu einem Entgegenkommen geneigt.
genug	Wir haben genug von diesem Menschen.
gewandt	Sie ist in der Hausarbeit gewandt.
gierig	Er ist nach Geld gierig.
gleichgültig	Er ist seiner Familie gegenüber gleichgültig.
grausam	Er ist grausam gegen Tiere.
hart	Der Offizier ist hart gegen die Soldaten. Ihr seid hart zu uns.
interessant	Der Vortrag war interessant für uns.
interessiert	Wir sind an einer Reise nach Finnland interessiert.
mißtrauisch	Er ist gegen jedermann mißtrauisch.
nachteilig	Die Bedingungen sind für uns nachteilig.
neidisch	Er ist neidisch auf uns.
nützlich	Fremdsprachenkenntnisse sind für Kaufleute nützlich.
reich	Das Land ist reich an Mineralvorkommen.
schädlich	Rauchen ist schädlich für die Gesundheit.
schmerzlich	Der Verlust seines Freundes war sehr schmerzlich für ihn.
stolz	Der Vater ist stolz auf seinen erfolgreichen Sohn.
streng	Der Lehrer ist streng zu den Kindern.
traurig	Wir sind traurig über deinen Mißerfolg.
tüchtig	Der junge Mann ist im Verkauf tüchtig.
vergleichbar	Deine Arbeit ist mit ihrer Arbeit nicht vergleichbar.
verliebt	Er ist in das Mädchen verliebt.
verlobt	Sie ist mit meinem Bruder verlobt.
wichtig	Der Brief ist wichtig für mich.
zornig	Er ist zornig auf uns.
zufrieden	Wir sind mit unserer Arbeit zufrieden.

Der Satzbau

Satzfeld

P[1]	(Satzfeld)	P[2]	**Fährt** der Zug um 5 Uhr von hier **ab**?
P[1]	(Satzfeld)	(P[2])	**Gehst** du heute ins Theater (**P[2]**)?
V	(Satzfeld)	P	. . ., **daß** sich das Wetter gestern **gebessert hat**
			. . ., **um** mit dir darüber **zu sprechen**
(V)	(Satzfeld)	P	. . ., Sie bald wieder bei uns **zu begrüßen**

Das Satzfeld nimmt die Satzglieder auf. Es wird von den Prädikatsteilen (P[1], P[2]) begrenzt. Abhängige Sätze begrenzen das Satzfeld mit dem Verbindungsteil (V) und dem Prädikat (P). Bei Infinitivsätzen entfällt im allgemeinen die vordere Begrenzung des Satzfelds.

Vorfeld

(Vorfeld) P[1] (Satzfeld) P[2]

Wir **haben** gestern im Theater deinen Freund **gesehen.**
Gestern **haben** wir im Theater deinen Freund **gesehen.**
Im Theater **haben** wir gestern deinen Freund **gesehen.**
Deinen Freund **haben** wir gestern im Theater **gesehen.**
Wann **habt** ihr meinen Freund **gesehen**?
Wo **habt** ihr ihn **gesehen**?
Wen **habt** ihr gestern im Theater **gesehen**?

Mitteilungssätze werden von einem *Kontaktglied* eingeleitet, das im Vorfeld steht. Das Kontaktglied enthält nur bekannte Inhalte, die an die Sprechsituation oder an vorher Gesagtes anknüpfen und zur folgenden Mitteilung überleiten. Ergänzungsfragen werden mit dem Fragewort im Vorfeld eingeleitet.

Nachfeld

P^1	(Satzfeld)	P^2	(Nachfeld)	Wir *haben* keinen Kaffee *getrunken*, **sondern Tee.**
(V)	(Satzfeld)	P	(Nachfeld)	*Fangt* jetzt mit der Arbeit *an*, **nicht erst morgen.**
				..., *daß* er nicht Englisch *sprechen kann*, **sondern nur Deutsch.**

Alle Sätze können in bestimmten Fällen auch ein Satzglied im Nachfeld aufnehmen.

Kontaktbereich und Informationsbereich im Satzfeld

P^1 (V) Kontaktbereich / Informationsbereich .... Satzfeld P^2 (P)

Die Satzglieder ordnen sich auf dem Satzfeld nach ihrem Mitteilungswert. Der Kontaktbereich nimmt bekannte Inhalte, der Informationsbereich neue Inhalte auf.

Kontaktbereich – bekannte Inhalte
Informationsbereich – neue Inhalte

Auf dem Satzfeld gelten im einzelnen folgende Stellungsregeln:

Stellungsfeste Satzglieder

Prädikatsergänzungen (E)

P^1 (V) .... E – P^2 (P)

Prädikatsergänzungen nehmen die letzte Stelle auf dem Satzfeld ein.

Gestern *ist* ein Autofahrer mit seinem Wagen **in den Straßengraben** *geraten.* Erzähle, *wie* dem Koch **das Mißgeschick** *passiert ist*!

Präpositionalobjekt (Op) und Genitivobjekt (Og)

P^1 (V) .... Op – E – P^2 (P)
P^1 (V) .... Og – E – P^2 (P)

Präpositionalobjekte und Genitivobjekte nehmen die letzte Stelle auf dem Satzfeld vor den Prädikatsergänzungen ein.

Er *hat* seinem Freund **zum Kauf des Hauses** *geraten.* Er *machte* den Schüler **auf den Fehler** aufmerksam. Wir *halten* den Mann **der Tat** fähig. Ich habe erfahren, *daß* man den Beamten **seines Amtes** *enthoben hat.*

Subjekt (S), Akkusativobjekt (Oa), Dativobjekt (Od)

– S – Od – Oa –
Subjekt und Objekte stehen in der oben angegebenen Reihe auf dem Satzfeld.

Hat *der Kaufmann seinem Kunden die Ware* geliefert? ..., daß *der Junge dem Mädchen den Ball* gegeben hat. ..., um *niemandem etwas* zu verraten.

– s – oa – od
Stehen Personalpronomen und Reflexivpronomen zusammen, beschließt das Dativobjekt die Reihe.

Hat *er sie dir* gezeigt? ..., daß *ich ihn ihr* geschenkt habe. Will *sie ihn sich kaufen?*

– s – oa – od – S – Od – Oa
Personalpronomen und Reflexivpronomen stehen immer voran.

Gestern hat *er dem Kunden die Ware* geliefert.
Gestern hat *ihm der Kaufmann die Ware* geliefert.
Gestern hat *sie der Kaufmann dem Kunden* geliefert.
Gestern hat *er ihm die Ware* geliefert.
Gestern hat *er sie dem Kunden* geliefert.
Gestern hat *sie ihm der Kaufmann* geliefert.

– S – oa
Sind die Funktionen nicht an den grammatischen Formen zu unterscheiden, folgt das Personalpronomen dem Nomen.

Hat *die Lehrerin sie* gesehen? (sie = die Schülerin)
Haben *die Schulkinder sie* gegrüßt? (sie = die Lehrerin)

P^1 (V) – s – oa – od – S – Od – Oa – / – S – Od – Oa – P^2 (P)
Kontaktbereich — Informationsbereich

Personalpronomen und Reflexivpronomen beziehen sich auf bekannte Inhalte und stehen deshalb im Kontaktbereich, ebenso auch Nomen, wenn sie bekannte und bereits identifizierte Personen oder Sachen bezeichnen. Neue Inhalte, besonders noch nicht identifizierte Personen oder Sachen werden im Informationsbereich genannt. (Nomen mit dem unbestimmten Artikel oder ohne Artikel)

..., daß der Mann dem Kind / *einen Ball* gegeben hat.
..., daß er den Ball / *einem Kind* gegeben hat.
..., daß dich / *ein Vertreter* besuchen will.
..., daß / *ein Vertreter Kunden* besuchen muß.
..., daß den Kunden / *ein Vertreter* geschickt wird.

Angaben (A)

P^1 (V) .... – A – / .... P^2 (P)
Kontaktbereich Informationsbereich

Angaben stehen, wenn sie den Hörer orientieren sollen, im Vorfeld oder am Ende des Kontaktbereichs.

Gestern abend hat mich mein Freund besucht. Hat dich *gestern abend* dein Freund besucht?

P^1 (V) .... / – S – A – .... P^2 (P)
Kontaktbereich Informationsbereich

Wenn die Angaben den Hörer informieren sollen, stehen sie im Informationsbereich.

Ich habe Peter *gestern* besucht. (Vgl. Ich habe gestern *Peter* besucht.) Gestern war das Kaufhaus *wegen Inventur* geschlossen.

– At – Ak – Am – Al

Treffen zwei oder mehr Angaben zusammen, stehen sie im allgemeinen in der Reihenfolge: temporal (At), kausal (Ak), modal (Am), lokal (Al)

Die Schüler spielten *gestern wegen des schlechten Wetters in der Sporthalle* Faustball.

Sonderformen im Satzbau

Zweiseitige Beziehungen eines Objekts treten beim Ausdruck von Wahrnehmungen und bei Ausdrücken des Veranlassens und Zulassens auf. Hierbei entstehen Sonderformen im Satzbau.

P^1 (V) – s – / – [Oa – A – Oa – E] – P^2 (P)

Hast du / *die Kinder von der Schule heimkommen* sehen? Habt ihr *das Mädchen im Garten die Blumen pflücken* lassen?

P^1 (V) – s – [oa] – A – / – [A – Oa – E] – P^2 (P)

Hast du *ihn* gestern / *in meinem Zimmer meine Schallplatten spielen* lassen?

Stellung der Gliedsätze

Gliedsätze stehen ihrem Mitteilungswert entsprechend im Vorfeld oder im Nachfeld eines Satzes.

[v ... p], P 1 .... P^2

Da die Kinder morgen früh in die Schule müssen, dürfen sie jetzt nicht länger aufbleiben.

P^1 (V) .... P^2 (P), | v ... p |

Die Kinder sollen jetzt zu Bett gehen, *weil sie morgen früh in die Schule müssen.*

Wenn Vorfeld und Nachfeld schon anderweitig besetzt sind, können Gliedsätze auch im Satzfeld stehen.

P^1 (V) ...., | v ... p |, ... P^2 (P)

Also deshalb hast du, *wie ich bemerkt habe,* deinen Freund nicht gegrüßt, weil ihr euch gestritten habt.

Stellung der Attributsätze

Attributsätze folgen dem Wort, dem sie untergeordnet sind.

Er hat seinem Sohn, *der in diesem Jahr geheiratet hat,* ein Haus gekauft.

Gehört der Attributsatz zum letzten Satzglied auf dem Satzfeld, steht er im Nachfeld.

Wir werden die Firma anrufen, *die unser Haus gebaut hat.*

Stellung der Negation ‚nicht'

P^1 (V) .... – NICHT – Op (Og) – E – P^2 (P)

Wird der ganze Satz negiert, steht ‚nicht' am Ende des Satzfelds vor der Prädikatsergänzung, vor dem Präpositionalobjekt und dem Genitivobjekt.

Er schläft *nicht.* Er wird morgen *nicht* kommen. Er hat bei der Katastrophe *nicht* den Tod gefunden. Er ist im letzten *nicht* krank gewesen. Er hat mich *nicht* um Geld gebeten. Er wurde *nicht* seines Postens enthoben.

Wird mit ‚nicht' nur ein Satzglied oder ein Teil davon negiert, steht ‚nicht' vor dem Satzglied. Der negierte Inhalt wird durch den Unterscheidungston hervorgehoben.

Er geht *nicht heute* ins Theater, sondern morgen.
Er hat *nicht dein* Fahrrad benutzt, sondern meines.

Zur Intonation

Tonführung einer Äußerung und Betonung in den Intonations- oder Lautgruppen innerhalb einer Äußerung gehören zu den wichtigsten sprachlichen Verständigungsmitteln. Die Schrift gibt die Betonung nicht und die Tonführung nur sehr unvollkommen mit Hilfe der Satzzeichen an.

Tonfall

Fallender Tonverlauf gegen Ende des Satzes bei Mitteilungen, Feststellungen, Urteilen u. ä. Satzzeichen: Punkt oder Semikolon

Morgen bekommen wir Besuch. Wir bleiben heute zu Hause; denn bei diesem Wetter jagt man keinen Hund vor die Tür.

Fallender Tonverlauf gegen Ende des Satzes bei Aufforderungen. Satzzeichen: Ausrufezeichen

Kommt her! Geht jetzt ins Bett!

Steigender Tonverlauf bis zum Satzende bei Fragen. Satzzeichen: Fragezeichen

Wie geht es euch? Gehen wir heute ins Kino? Sie fühlen sich doch wohl bei uns?

Steigender Tonverlauf bis zum Satzende bei Ausrufen. Satzzeichen: Ausrufezeichen

Wie herrlich ist heute das Wetter!

Steigender Tonverlauf bei abhängigen Sätzen am Anfang oder innerhalb eines Satzverbandes. Satzzeichen: Komma

Wie uns mitgeteilt wurde, haben Sie die Waren, die wir bestellt haben, bereits zum Versand gebracht.

Betonung

Die Betonung regelt die lautliche Gliederung einer Äußerung, dabei sind zu unterscheiden:

der Wortton

árbeiten, héute, tágsüber

Artikel usw. bilden mit dem Wort, das sie bezeichnen, eine Lautgruppe.

das‿Búch, zum‿Báhnhof, bis‿mórgen

Bei Wortzusammensetzungen ordnet sich das Grundwort dem Wortton des Bestimmungsworts unter.

die‿Stráße, die‿Lámpe: die‿Stráßenlampe

Personalpronomen bilden mit der Personalform des Verbs eine Lautgruppe.

ich gébe ihn ihr; gábst du ihn ihr?

der **Satzgliedton**

ruht auf dem Gliedkern, wenn er nur ein erklärendes Attribut besitzt;

ein blondes Mä́dchen, die heutige Júgend, Englands Expórt

ein unterscheidendes Attribut dagegen, erhält den Satzgliedton

ein blóndes Mädchen, die Jugend von héute, der Export Englánds

der **Satzton**

ruht auf der Prädikatsergänzung;

Der Minister hat das neue Kraftwerk in Betríeb gesetzt.

fehlt die Prädikatsergänzung, liegt er auf dem letzten Nomen im Informationsbereich;

Hat der Junge deinem Vater die Zéitung gegeben? Hat sie ihm der Júnge gegeben?

sind Subjekt und Objekt durch Personalpronomen ausgedrückt, liegt der Satzton auf dem 2. Prädikatsteil;

Ich habe ihn dir gebrácht. Er hat es mir gestóhlen.

hat der Satz nur ein Prädikatsteil, so liegt der Satzton auf der Personalform.

Er gáb sie mir. Ich schénke es dir. Schénkst du es mir?

Der Satzton ruht niemals im Vorfeld eines Satzes und niemals auf einer Angabe

der **Unterscheidungston**

überlagert den Satzton und kann von jedem Funktionsteil eines Satzes übernommen werden. Seine Lage ist von der Sprechsituation und vom Redezusammenhang abhängig.

Der Jûnge hat mir das Buch gebracht. (nicht das Mädchen)
Dêr Junge hat mir das Buch gebracht. (kein anderer)
Der Junge hat mîr das Buch gebracht. (nicht dir)
Der Junge hat mir das Bûch gebracht. (nicht die Zeitung)
Der Junge hat mir dâs Buch gebracht. (nicht das andere)

Satzzeichen

Satzzeichen sind optische Lesehilfen. Sie deuten an, welcher Tonverlauf für einen Satz Gültigkeit hat. Die wichtigsten Regeln für ihren Gebrauch sind folgende:

Punkt

Er kennzeichnet das Ende eines Mitteilungssatzes und deutet an, daß die Stimme gegen das Satzende zu senken ist. Zum folgenden Satz ist eine deutliche Sprechpause einzuhalten.

Er tappte durch die dunkle Vorstadt. Die Häuser standen abgebrochen gegen den Himmel. Der Mond fehlte, und das Pflaster war erschrocken über den späten Schritt. Dann fand er eine alte Planke. Da trat er mit dem Fuß gegen, bis eine Latte morsch aufseufzte und losbrach. Das Holz roch mürbe und süß. Durch die dunkle Vorstadt tappte er zurück. Sterne waren nicht da. (Wolfgang Borchert)

Komma

Es teilt innerhalb eines Satzes eingeordnete Satzsysteme ab, die nicht durch *und* oder *oder* verbunden sind. Vor dem Komma wird die Stimme nicht gesenkt.

Der Knecht, der die kleine Katze hinuntergetragen hatte, erzählte, daß sie ihm nachgelaufen war, als er zurückging, und daß er noch einmal hatte umkehren müssen: zwei Tage später war sie wieder oben am Schloß. Die Hunde wichen ihr aus, die Dienstleute trauten sich wegen der Herrschaft nicht, sie fortzujagen, und als die sie erblickte, stand schweigend fest, daß jetzt niemand mehr ihr weigern wollte, hier oben zu sterben

(Robert Musil)

Vor *und* oder *oder* steht das Komma nur, wenn das folgende Satzsystem ein eigenes Subjekt hat.

Das Gewölk war zerrissen, und er sah die Sternbilder an alter Stelle über der Heide strahlen, wie auch die Umrisse des Waldes unverändert und schweigend ins Dunkel sich schwangen und sich verloren. Der Sturm riß an seinem leeren Kleide und stieß ihn in das kalte Bewußtsein seines hilflosen Lebens, doch sahen seine Augen zu gleicher Zeit das rötliche Viereck, mit dem die Laterne da drinnen den Umriß des Fensters in die Nacht hineinformte. Er trat an die halb erblindete Scheibe und sah hinein. (Ernst Wiechert)

Das Komma steht zwischen funktionsgleichen Satzgliedern sowie vor Nachträgen im Nachfeld.

Erst am nächsten Morgen, bei der Frühmesse, sah der Mesner seine Tochter wieder. Sie war spät gekommen, unmittelbar vor dem Pfarrer. Der Vater sah sie knien in einer demutsvollen und zugleich liebreich anmutenden Haltung, den Kopf mit dem dunklen, unter dem Tuch vorquellenden Kraushaar tief gesenkt.
(Werner Bergengruen)

Es steht bei Aufzählungen gleicher Wortarten und Wortgruppen, nicht aber, wenn diese mit *und* oder *oder* verbunden sind.

Zwischen Main und Ruhr, Nahe und Maas liegt das Rheinische Schiefergebirge, ein Ganzes, das nur durch den Rhein, die Mosel und die Lahn in Taunus und Hunsrück, Westerwald und Eifel zerschnitten ist. (Friedrich Ratzel)

Das Komma trennt ebenso nachgestellte Appositionen.

Ein Venietianer Patrizier, ein gewisser Mocenigo, lud den Gelehrten in sein Haus ein, damit er ihn in der Physik und der Gedächtniskunst unterrichte.
(Bertolt Brecht)

Semikolon

Das Semikolon trennt Mitteilungssätze, die inhaltlich eng zusammengehören.

Die alte Dame war von dem Schrecklichen so mitgenommen, daß sie wieder eine Woche das Bett hüten mußte; sie wurde von ihrem Schwiegersohn gepflegt. In der Stadt hatte sich das Gerücht von ihrer Geschichte verbreitet und allgemeine Rührung erzeugt; der Bürgermeister ließ vor dem Gasthaus, in dem sie lag, Stroh auf die Straße legen, damit sie nicht durch das Wagengeräusch gestört werde; Blumen und Früchte wurden von Unbekannten geschickt, und . . . (Paul Ernst)

Doppelpunkt

Der Doppelpunkt kündigt eine folgende direkte Rede an.	Als der Bergmann nach Hause kam, sagte der Förster zu ihm: „Wir sind quitt, jetzt geht eine neue Rechnung an.“ Der Wilderer schüttelte ihm die Hand, dankte ihm und sprach: „Ich habe genug von dem Schreck, noch einmal mag ich das nicht erleben.“ (Paul Ernst)
Er steht auch sonst als Ankündigung.	Die Hauptfeiertage sind: Ostern, Pfingsten und Weihnachten. Bilden Sie Beispiele nach folgendem Muster: . . . Telefon: 2586 Postscheckkonto: München 1533 85

Fragezeichen

Das Fragezeichen kennzeichnet eine Frage und weist darauf hin, daß der Satz als Frage zu sprechen ist.	Was sollen wir tun? Die Kinder sind doch sicher schon im Bett?

Ausrufezeichen

Ausrufezeichen kennzeichnen Aufforderungen und spontane Äußerungen	Geht nach Hause! Marsch, ins Bett! Wir wollen ihm helfen! O weh!
sowie direkte Anreden.	Karl! Sehr geehrter Herr!

Anführungszeichen

Anführungszeichen kennzeichnen direkte Rede oder wörtliche Zitate innerhalb eines Textes.	„Ich sah seine Schuhe. Hat er noch ein Paar außer denen im Flur?“ „Wie soll ich'n das wissen“, sagte Karl Schurek. „Doch“, sagte Frau Schurek, „er hat noch ein Paar.“ (Wolfdietrich Schnurre)

Die Großschreibung

Im Deutschen werden innerhalb eines Satzes bestimmte Wörter mit großem Anfangsbuchstaben geschrieben. Die Großschreibung dieser Wörter gibt in einem Text wichtige optische Signale, die die richtige Deutung von Inhalten und Funktionen der Wörter innerhalb eines Satzes sichern.

Grundsätzliches zur Großschreibung

Innerhalb eines Satzes werden mit großen Anfangsbuchstaben geschrieben

1. Namen	Dann fiel es ihm ein, daß ihm seine in Ziegenhain lebende Schwester ... von der medizinischen Fakultät der Universität Marburg gesprochen hatte; ... (Werner Bergengruen)
2. Alle Nomen, die Wesen, Dinge, Begriffe bezeichnen	Da kommen Gleise, an denen Männer mit eisernem Gerät bauen, Kanäle, Brücken, Dämme, Straßen, Tunnel, an denen Männer in groben Schuhen Reparaturen vornehmen ... (Peter von Zahn)
3. Wörter aller Wortklassen, wenn sie sich ‚pronominal' auf Wesen, Dinge oder feststehende Begriffe beziehen	der Reisende, das Gute im Menschen, das Wenn und Aber, das Weiße im Auge
4. Wörter aller Wortklassen, die Subjekt- oder Objektfunktionen ausüben, besonders wenn diese Funktionen durch entsprechende Kennzeichen signalisiert werden, ebenso in Prädikatsergänzungen und Angaben	Ich hatte auch damals Angst, über die Brücke zu fahren. Alle Versicherungen technisch informierter Bekannter über die vielfache Tragfähigkeit der Brücke nützten mir nichts, ich hatte einfach Angst: ... Mit einem leisen Bangen im Herzen nahm ich jedesmal das feine Schwanken der Brücke wahr, ... (Heinrich Böll)
5. Pronomen der 2. Person in Briefen	Wir grüßen Euch sehr herzlich. Ich habe Deinen Brief bekommen.
6. Attribute bei den meisten unbestimmten Pronomen	Nichts Neues, alles Gute, etwas Seltsames

Nomen werden nicht mit großem Anfangsbuchstaben geschrieben, wenn sie zur Erweiterung des Wortvorrats anderer Wortklassen dienen und damit ihren eigentlichen Bedeutungsgehalt verlieren. Grundsätzlich ist jedoch festzustellen, daß die Regeln für die Großschreibung noch immer recht inkonsequent sind.

Wortindex

Sachregister